正向领导力

引爆团队能量的管理法则

豆大帷◎著

POSITIVE
LEADERSHIP

中国经济出版社

图书在版编目（CIP）数据

正向领导力：引爆团队能量的管理法则／豆大帷著．
—北京：中国经济出版社，2019.5
ISBN 978－7－5136－5624－5

Ⅰ.①正… Ⅱ.①豆… Ⅲ.①企业管理—组织管理学 Ⅳ.①F272.9

中国版本图书馆 CIP 数据核字（2019）第 063934 号

责任编辑 张梦初 戴 瑛
责任印制 巢新强
封面设计 卓义云天

出版发行 中国经济出版社
印 刷 者 北京力信诚印刷有限公司
经 销 者 各地新华书店
开 本 710mm×1000mm 1/16
印 张 20.75
字 数 260 千字
版 次 2019 年 5 月第 1 版
印 次 2019 年 5 月第 1 次
定 价 58.00 元
广告经营许可证 京西工商广字第 8179 号

中国经济出版社 **网址** www.economyph.com **社址** 北京市西城区百万庄北街 3 号 **邮编** 100037
本版图书如存在印装质量问题，请与本社发行中心联系调换（联系电话：010－68330607）

自 序

2018年4月，一次偶然的机缘使我有幸结识余歌老师，并成为他的终身弟子。余歌老师是国内商业演说培训领域的集大成者、阿里巴巴连续8年的演讲教练，学员遍布全国各地。多年来，余歌老师辅导过成千上万的企业家，帮助他的学员不断自我突破、勇敢表达，一以贯之地倡导“让世界听你的声音”的理念。

在“余歌演说”课堂上，听他演讲、与他交流，余歌老师所呈现出的状态永远是充满激情，对事业、对生活饱含热忱，课堂上的每一位学员都被他强大的人格魅力所吸引。我们同属于70后，年龄相若、志趣相投，彼此有许多共同的生活经验和感悟：求学、工作、事业、家庭，孩子的教育……我们在许多问题上的看法和态度都趋于一致，价值观高度契合。

人世间的缘分和友谊，都始于某个瞬间的相遇。

在一次品茶闲叙中，余歌老师对我说：“豆总，你事业做得这么成功，我想这与你独到的企业管理理念是分不开的。现在是‘大众创业、万众创新’的时代，这个时代赋予年轻人一个追梦的机会，然而在我对学员授课的过程中发现，许多年轻的企业家、创业者激情有余，经验不足。而你在管理领域的真知灼见，或许能给他们提供一些宝贵的启示，可以让他们少走一些弯路。我建议你将自己这些年来的管理经验整理出来，创作一本企业管理类书籍，帮助到更多的年轻人。”

余歌老师的这番话深深地触动了我，他一直鼓励他的学员输出自己的价值，做一个可以影响他人、激励他人、赋能他人的企业家。余歌老师的提议与我的想法不谋而合，于是我便开始着手《正向领导力》这本书的创作。

于我而言，出书的想法由来已久。在我生活的圈子里，有许多年轻朋友都从公司离职选择创业，其中也包括我曾经的下属。但就我个人的观察而言，他们创业成功的概率并不高，若深究这一现象的根源，我认为主要还是管理不当所致。

我大学期间读的是企业管理专业，对企业管理一直比较感兴趣。我一直希望能够将自己所学的知识学以致用，而下海创业是检验自己知识成果最好的试金石。1993 年我大学毕业，工作一年后，我就开启了自己的创业生涯，先后有过三次创业的经历，其间几经沉浮，既有成功的经验，也有失败的教训。

由于工作的关系，我经常受邀参加一些现代组织管理、领导力开发等相关主题的高峰论坛。在论坛现场，通过与企业家朋友的探讨与交流，对他们在企业经营中的管理痛点和难点也有较为清晰的认识。

我认为，无论是职场白领，还是企业领导者，时刻保持思维更新换代和认知升级是每个人成长的必修课。所以做企业这么多年来，我始终保持着稳定的阅读习惯。我公司的产品大多销往国外市场，在海外差旅期间，我得以有大量的时间去观察、了解西方最前沿的管理思想，对许多管理大师的著作也较为深入细致的研究。

正是基于以上考量，我希望将自己多年来创业的经验和教训总结出来，结合当前管理领域的一些热点和盲区，创作一本内容完善、深具系统性和实操性的管理书籍，给企业管理者、创业者带来一些切实有效的帮助。

在过去的二十年里，领导力开发与培养一直是企管学术界和培训界最热门的话题。管理学家普遍认为，领导力是所有组织中最稀缺的资源，是一种难以复制的竞争优势，同时也是组织实现持续成功的关键。

约翰·麦克斯韦尔（John C. Maxwell）曾指出："一切组织和个人的荣耀与衰落，皆源于领导力。追随这些法则，人们就会追随你！"由此可见，成功的领导力，是组织领导者实现自我修炼、引领组织发挥作用的制胜法宝。

关于领导力的界定，全球管理学界和企业界并没有一个放之四海而皆准的定义，每一位管理学家都有自己的真知灼见：哈佛商学院教授亚伯拉罕·扎莱兹尼克（Abraham Zaleznik）认为，领导者的个性和特质是衡量领导力的重要标准；"战略领导"理论的创始人约翰·阿戴尔（John Adair）则主张激发团队创造力；美国政治领导学的先驱詹姆斯·麦格雷戈·伯恩斯（James McGregor Burns）侧重于领导者的感召力和变革精神；而《管理百年》的作者斯图尔特·克雷纳（Stuart Crainer）则在其著作中归纳出了九种重要的领导力理论……

在《正向领导力》这本书中，我无意于去深究领导力的具体概念，而是聚焦于挖掘领导者的正向价值，旨在通过"正向训练"，使领导者更加敏感地感知自己和他人，将正向心理学、行为组织学、情商理论等前沿思想融入企业管理实践中，从而有效地指导管理者从认知尺度上、行动模式上实现"自我解放"，有效激发下属的工作潜能，从而达到众人追随的目的。正向领导力是西方管理领域近年来研究的热点，也是蒂姆·库克、马克·扎克伯格、埃隆·马斯克、马云等全球顶级商业领袖具备的共同特质。正向领导者善于凝聚和整合组织的各种力量，带领组织和员工共同成长。

在创作本书的过程中，我始终秉持一个原则：尽量以通俗易懂、深入浅出的方式，给读者提供行之有效的管理策略与技巧，辅之以典型的企业案例加以论证说明。不过我要强调的是，领导力的培养并不是企业领导者的“个人专利”，每个人首先都是“自我”的领导者，然后才通过“自我”去领导他人。无论你是一家企业的 CEO，还是一名普通的职员，只要对自己有价值追求，都应该培养自己的正向领导力，发现自己、解放自己、超越自己，成为事业与生活的领导者。

对于本书，我不敢说它打开你管理之门的“万能钥匙”，但里面阐述的内容凝练了我二十多年的实践经验，涉及许多国际领先企业的案例分析与实战技巧。就本书的内容来看，我还是感到非常满意的。可以说，这本书是我用“心”创作出来的。

最后，我衷心地祝愿企业家朋友能够从本书中受到一点启发，成就自己的事业与梦想！

豆大帷

2019 年 4 月 22 日

前　言

领导力大师沃伦·本尼斯指出："变革是我们这个时代的领导哲学。一切都在变化中。一切机械化的东西都进化了，变得更好、更有效率、更精妙复杂。"如何赢得竞争？如何构建卓越效能？时代和企业都在迫切呼唤新的管理理论出现。"正向领导力"（Positive Leadership）是近年来西方专业领域新出现的管理科学，具有正向领导力的管理者能够凝聚和整合组织的各种力量，带领组织和员工共同成长。

正向领导力致力于培养与开发领导者的正向品质，强调领导者以激励、激发、赋能为主，通过正向引导与激发，让团队成员诚心追随、协同作战，在团队内部营造积极氛围、建立积极关系、实现积极沟通、构建积极意义，进而达到卓越的效能与正向结果。它基于正向心理学和行为组织学，从全新的视角为现代企业管理提供了一种更为高效的管理方法论。

现代管理将员工视作为"自我实现的人"。正向领导力强调管理者要从传统的组织控制者转变为支持者、赋能者。正像彼得·德鲁克所说的"管理的本质是激发和释放人的善意"。

正向领导力的构建，依赖于管理者对人的精神世界、内心活动和情感作用的深刻洞见。因此，一位卓越管理者也是一名优秀的"灵魂工程师"。在等级森严、权力高度集中的科层制组织结构中，领导力的实现依托于行政命令在组织架构网络中的传递，这是一种物理的能量；而在正向领导力得到充分发挥的扁平化组织结构中，领导力的实现依托于具有服务性的建议、决策在组织成员大脑和心灵中的传递，这是一种化学的能量，能够在企业内部建立起相互支持的能量网络。

个体的价值创造能力是相对有限的，想要塑造一家百年企业，管理者必须激活组织成员的活力与创造力，使其自主性、能动性得到充分发挥，从而有力地推动组织的创新发展。2011 年 12 月，任正非在其撰写的《一江春水向东流》中表示："我是在生活所迫、人生路窄的时候创立华为的。那时我已经领悟到个人才是历史长河中最渺小的。我深刻地体会到，组织的力量、众人的力量，才是力大无穷的。人感知自己的渺小，行为才开始伟大。"

对于赋能员工，大部分管理者存在一个误区，即以"查漏补缺"的心态指导员工工作。这种情况下，员工在与管理者沟通时，经常听到的一句话就是："你在 × × 方面非常不错，但在 × × 方面还有较大的改善空间。"这造成的直接影响就是员工将大量时间与精力放在补足短板方面，其长板得不到充分发挥，整个组织长期处于低效运转状态。

而拥有正向领导力的管理者了解每一个团队成员的优劣势，帮助员工厘清其与同事及上下级间的关系，使员工对自身在组织架构及为用户价值创造过程中的定位有清晰合理的认识；尽可能地让员工去做那些与其能力相匹配的工作，善于引导员工"扬长避短"，使团队成员优势互补，发挥协同效应。

拥有正向领导力需要管理者长期的自我修炼，将管理转变为人性化、个性化，可以传递理解、幸福、快乐与爱的活动。何为一名合格的正向领导者？著名政治家、革命家、思想家圣雄甘地的一句名言可以很好地回答这一问题——"保持积极的思想，因为你的思想将成为你的言语；保持积极的言语，因为你的言语将成为你的行为；保持积极的行为，因为你的行为将成为你的习惯；保持积极的习惯，因为你的习惯将成为你的价值观；保持积极的价值观，因为你的价值观将成为你的命运。”显然，这绝非一件易事。

本书将正向心理学与现代组织管理理论与实践相结合，深入阐述正向领导力的内涵、行为与应用实践。从正向训练、建立愿景、制定战略、引领变革、搭建团队、正向激励、正向沟通、有效授权、文化建设等多个维度入手，对企业管理中的每个环节进行全方位指导，深刻阐述企业管理者在新的商业环境下如何提升领导能力、实现自我完善，以有效地应对日益复杂的管理实践，构建卓越高效组织。

如何洞察员工的行为模式？如何积极影响他人？如何将个人愿景转变为共同愿景？如何实施目标管理？如何建立高效能团队？如何化解团队内部冲突？如何推倒“部门墙”？如何合理授权？如何营造学习型企业文化等管理者修炼正向领导力过程中的重点、难点、痛点问题，你都能从本书中找到答案。

一切组织的发展都离不开领导力的支持，领导力并非是一种与生俱来的天赋，而是一种可以学习、掌握，并能逐步提升的思维模式。通读此书，你将找到正向领导力实践的长效方案，改变自己、改变团队、改变企业，能够在各种管理场景中帮助个人和组织发挥最大潜能。对于那些希望成为卓越领袖的人来说，这是一本必读之作。

目　录

CHAPTER 4 制定战略：让目标驱动战略落地

CHAPTER 5 引领变革：唯一不变的就是变化

CHAPTER 6 正向团队：实现团队的效能裂变

CHAPTER 1
正向领导力：激发组织潜在能量

正向领导的力量

开启自我解放之旅

正向领导者的十大特质

自我实现与“心理资本”

东西方管理融合的典范

正向领导的力量

1999年2月20日，湖畔花园小区一个简陋的房子里聚集了18个年轻人，其中一个人被围在中间，发表了一段慷慨激昂的演讲："玩信息、玩软的，我们中国人脑袋绝不比你们（美国人）差，我们在座的所有人脑袋绝不比你们（美国人）差，这就是我们敢和美国人斗的理由。我们绝对敢斗，如果我们是好的team、好的团队，我们自己知道我们想做什么，我们想干点什么的时候，我相信我们是可以一当十的……所以不要担心，我觉得internet这个梦不会破，这个泡沫不会破……目标是2002年，阿里巴巴上市。"演讲者就是马云，这段演讲使在座的所有人深受鼓舞，坚定了"跟着马云打天下"的信心，一个传奇公司随之诞生。

阿里巴巴的成功与马云的思维模式密不可分。每个人都有自己的思维模式，这些思维模式因环境、价值观的不同存在较大差异，会在一定程度上决定人的行为。同时，在某些条件下，行为又会变成环境，对人的思维产生影响，进而对他人的行为产生影响。在一个组织中，处于核心地位的人，比如组织的领导者，因为掌握着一定的权力，所以他的思维模式对他人行为的影响会扩大，不仅会对周围人的行为产生影响，还会对整个团队、整个组织的行为产生影响。

由此可见，对于团队、组织来说，领导者的思维模式有着极大的影响。如果一位领导者喜欢猜疑，比较情绪化，无法对自己和他人的思维模式进行调节，就无法对组织发展产生积极的推动作用，甚至还有可能起到阻碍作用。相反，如果一位领导者冷静，有较强的洞察力，善于沟通，擅长鼓舞人心，就能对组织发展产生积极的推动作用。

我们将这种基于内在定静和专注力产生的品质称为正向，人们需要通过正向训练提升自己的领导力，其原因在于面对复杂的信息，人们会主动选择，去除不愿接受的信息，接受那些对自己有用的信息，所以人们的认知往往具有局限性。但认知会对人的情绪和行为产生影响，这种行为可以划分为两种类型：一类是有意识的行为，是指经过反复思考所采取的理性行为；另一类是无意识的行为，是指遵循本能不假思索采取的行为。

如果一个人认为凭自己现有的时间和精力不足以处理所有问题时，就会利用熟悉的思维、习惯、经验解决一些难题，这种解决问题的行为就是无意识行为。在这个过程中，人不会对问题进行反复思考，所以会错失很多信息，比如某种情绪。举个例子，某人收到一封言辞激烈的投诉邮件，于是顺应本能，以更激烈的言辞做了回复，于是引发了一场情绪失控的争端。如果当事人能在收到邮件之后有意识地控制自己的情绪，认真研读邮件内容，发现问题，然后心平气和地与之沟通，不仅能避免争端，还能尽快地解决问题，给对方留下一个好印象。

所以，正向可以改善人的认知能力，帮助人深入了解自己及他人的内心，聚焦当下，感知当下所处的环境，进行反思，提升有意识行为的高度，降低无意识行为的地位，使问题分析能力、解决能力得以切实提升，使人变得更加高效。通过这种正向训练，人对自己及他人的感知更加敏锐，面对问题时会自觉地采取有意识的行为。但事实上，很少有人能做到这一点，人往往无法洞察自己及他人的内心，经常按照习惯解决问题，制定决策。

现如今，各行各业的发展速度越来越快，市场竞争越发激烈，如果领导者无法改变自己固有的思维模式，不能敏锐地感知到周围环境的变化，甚至将自己在无意识行为的指导下快速做出决策的能力误认为是高效领导力，极有可能使企业陷入困境。所以，为了提升领导效率，实现高效领导，领导者必须保持好奇心，关注当下的发展形势与自身内心深处的想法，进行深度思考。

既然在企业管理中正向的作用如此之大，那么领导者该如何培养正向理念呢？具体来看，方法有四种（见图1－1）：

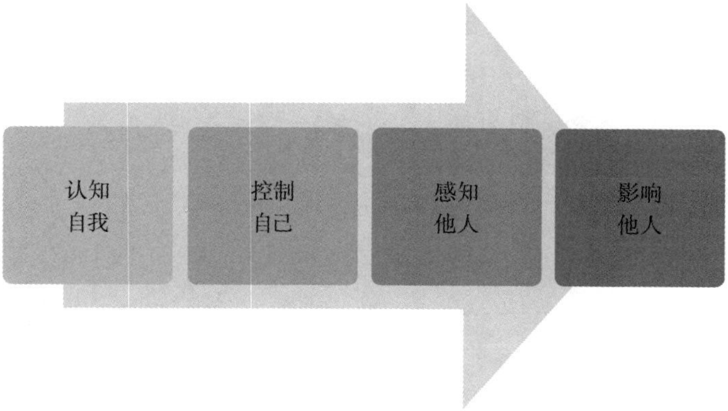

图1－1　领导者培养正向理念的四种方法

（1）认知自我，即站在旁观者的角度审视自己的内心；

（2）控制自己，即做自己的主人，控制自己的思想与行为；

（3）感知他人，即走进他人的内心世界，了解他人；

（4）影响他人，即用自己的思想影响他人的思想与行为，让他人做出自己期待的活动。

正向有利于领导者实现自我提升，虽然这种能力不是与生俱来的，却是可以被开发的。在这种能力的加持下，无论何时何地，人都能将自己从事件中分离出来，站在旁观者的角度审视自己，然后着眼于当下，摒弃固有的思维模式，客观、理性地感知自己，探索自己内心深处的想法，采取更加自然、宽容、灵活的行为。在这种情况下，人就有了充分的自由可以决定自己的行为。

如果领导者能站在他人的立场对他人的身体、情感、思想进行感知，就能走进他人的内心，无形中化解许多矛盾。如果领导者能切身感受他人，用自己的思维模式影响他人，而不是命令他人，就拥有了能够提升管理效率与质量的正向领导力。

开启自我解放之旅

◆管理者的“囚徒困境”

企业管理是一项系统而复杂的工作，管理者在管理实践中会遇到各种各样的问题：

——每天的日程表总是排满，而且经常遇到紧急事件，到下班时间时，总发现还有未完成的工作；

——大脑长期处于高速运转状态，问题层出不穷，甚至做梦时还在思考问题，导致压力过大，焦虑不安；

——时间和精力被过度分散，来自电子邮件、微信、电话等多种渠道的待处理事件让自己应接不暇，鲜有时间用于自主思考，即便在工作之余，也经常被手机上收到的各种信息所干扰，影响自己休息的同时，也向家人传递了负能量；

——每周要参加一系列低效而冗长的会议，会议很容易陷入多方争执不下的局面，最后会议主持者为防止事态扩大往往武断决策，决策结果很难得到与会人员认同，执行效果自然不理想；

——为了避免将个人情绪带到工作中，在日常工作中会压抑自己的情绪尤其是紧张、愤怒、恐惧等负面情绪，长此以往，逐渐迷失自我，难以从工作中获得成就感、满足感；

——疲于应付各种工作，像流水线上的机器人一般处理工作，战略性思考、发掘新业务等与自己渐行渐远。

……

移动互联网的推广普及，使现实和虚拟之间的边界变得越发模糊，跨界融合成为常态，企业获得了前所未有的广阔发展机遇，但与此同时，也面临着一系列重大挑战，管理者作为企业的领航者，更是会面临各种错综复杂的管理难题，对传统管理模式与手段进行创新，从而适应现代企业管理需要，就显得尤为关键。

人都有自主性，管理者也不例外。但事实上，这种自主性在绝大部分人身上是难以得到充分发挥的，人们很容易受到传统思维的影响，重复、机械地完成工作，比如，很多人的行为模式、情绪反应模式、沟通模式等均已固化。这种状态下，我们是很难做到聚焦与专注，充分发挥自身的创造力来完成日常工作的，而且很容易出现身心俱疲、浮躁焦虑的亚健康状态，价值创造能力被明显抑制。

更为严重的是，工作中形成的模式、习惯等会体现在日常生活中，将生活和工作完全分开是很难实现的，特别是有一定权力的管理者们，在日常生活中可能会像对待下属一般对待自己的家人，和孩子沟通时，经常被电话所打断，沟通得不到明确的结果，最终享受生活成为一种奢望。

出现上述情况和管理者普遍依赖的传统领导力模型存在直接关联，该模型以绩效为导向，过度强调管理者的控制职能。想要打破这种不利局面，我们需要对领导方式进行变革与创新，而正向领导力无疑为解决这一问题提供了有效思路。

◆领导者的自我解放之旅

“正向减压疗法”创始人、麻省医学院医学教授乔·卡巴金（Jon Kabat－Zinn）在分析“正向”一词时表示，深入洞察并专注当下是正向致力于实现的重要目标。正向能让人更好地对情绪和注意力进行管理，与传统的、无序的、机械式的工作模式相比，更为开放、包容、专注、敏捷。

正向领导力将正向品质融入领导者的管理实践中，它为领导者提供了一种自我管理的有效方式，通过对自身情绪、状态、感官体验等多方面的洞察，避免自身囿于传统思维模式与方式方法，更为高效、专注地完成工作，充分发挥想象力与创造力。

医学、心理学等诸多领域的专家学者关于正向训练进行了广泛研究，研究结果证明人类神经元是有一定可塑性的，在日常工作中，领导者积极开展一系列的正向训练，能够帮助大脑重塑神经元网络模式，提升人的自我认知能力，使人更为专注并改善睡眠质量等。而正向领导力对领导者的价值主要包括以下几点（见图1－2）：

（1）提升专注力，增强工作效能

具备正向领导力的领导者可以更为专注、冷静地思考问题，有较强的大局观，在进行重大战略决策时，决策更为科学合理，有效降低决策失误造成的风险。一般而言，领导者在工作中往往处于左脑工作模式，

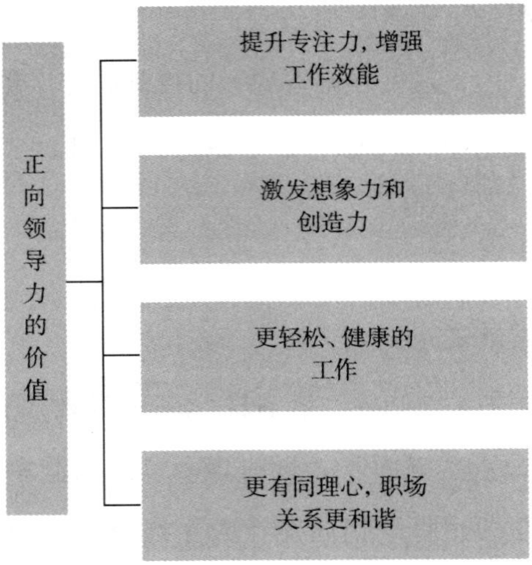

图 1－2　正向领导力的价值

因为左脑主要负责逻辑、判断、分析、记忆等，是“意识脑”，而右脑主要负责颜色、想象、空间感受、直觉等，是“创造脑”，通过进行正向训练，可以同时发挥左脑和右脑的功能，使领导者的决策既关注局部又重视整体，既强调理性又注重感性，而且它使领导者可以将注意力聚焦到某一点，显著提高其工作效率。

（2）激发想象力和创造力

在惯性思维的影响下，领导者是很难发挥想象力和创造力的，想要解决这一问题，需要让领导者认真审视现状，为创意与灵感爆发塑造一个思维空间。很多伟大的科学发现，并非是通过高强度的实验研究与分析发现的，而是科学家在放松状态下某一时刻的灵光一现。牛顿发现万有引力定律，门捷列夫发现元素周期律等皆是如此。

从神经回路层面上可以对这一点进行很好地解释，高强度、高压力状态下，为了提高效率，减轻负担，人的神经回路是有相对固定的工作状态的，此时，很难获得创意与灵感，而当人处于放松状态时，相对容易激发新的神经回路。

（3）更轻松、健康的工作

领导者总是想要尽可能地避免将紧张、焦虑等负面情绪带到工作和家庭之中，而将其压抑在内心深处，但大部分领导者是很难完全做到这一点的，而且这些情绪得不到充分释放，会损害身心健康，引发抑郁等心理疾病。而正向训练为领导者管理负面情绪提供了一个平台，在该平台中，管理者会尝试接纳、释放这些负面情绪，从而更为轻松、健康的工作。

（4）更有同理心，职场关系更和谐

正向状态下，领导者对于情绪、感受、想法等较为敏感，从而可以发现那些细微变化，处理人际关系时，可以换位思考，从而更具同理心，和其他组织成员和谐相处。富有同理心的领导者，可以更好地理解他人、包容他人，从而得到他人的支持和信任，沟通与管理成本明显降低，使组织实现可持续发展。

正向领导者的十大特质

企业管理者的领导力培养往往涉及三个方面的内容：第一，领导团队能力的培养；第二，领导业务能力的培养；第三，领导自己能力的培养。在实际的培训过程中，前两种能力的培养最耗费时间与精力。在第三种能力培养方面，正向修炼是最有效的方法，但这种方法因为带有宗教色彩，一直以来都不被企业接受。直到谷歌等全球知名企业开始推崇正向，正向才逐渐被接受。正向的出现弥补了领导力培养领域领导自身能力培养方面的空白。

正向领导者指的是以正向为信仰及行事准则的领导者。一般来讲，正向领导者要具备以下十种品质（见图1－3）。

（1）自律。正向最本质的特征就是自律。随着经济迅猛发展，人们的生活水平逐渐提升，人们的追求逐渐从物质层面上升到精神层面。但要想使正向变成一种行为习惯，领导者必须拥有坚定的意志，做到严格律己。

（2）内省。正向领导人会不断地对经历过的对自身发展有重大影响的事件进行反思，对自己的行事原则与价值观做出更明确地认知，了

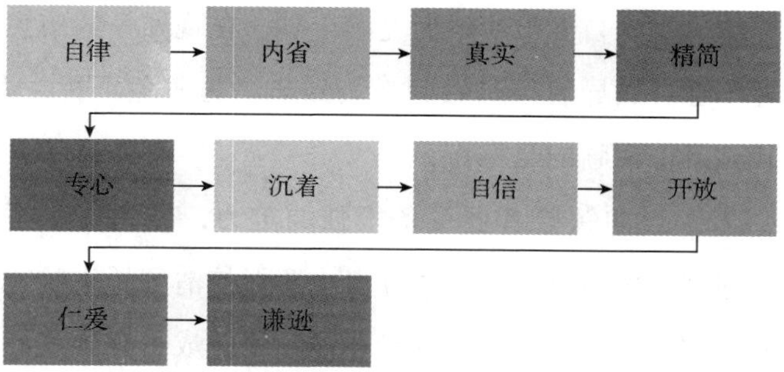

图1－3　正向领导者的十大特质

解自己的情感，明白自己的专长与优势，在自己擅长的领域为组织发展贡献力量。只有具备内省品格，领导者才能逐渐形成洞察力。如果一个领导者不懂得内省，就非常容易受到外在因素的影响，一味地追求完美，无法承受任何错误与失败。

（3）真实。真实指的是领导人可以直面自己的原则与价值观，接受自己的缺陷，敢于表达自己的心声，展现真实的自己。领导者需要极大的勇气才能做到真实。因为现实生活中充满了压力与诱惑，所以很多人都无法做到真我，在这种情况下，内省与自知就变得极为重要。但能做到自知的人也极少，这就要求领导者进行正向修炼，不断内省，进而做到自知。

（4）精简。大道至简。乔布斯非常推崇精简，他的房间只有一幅爱因斯坦的画像，一盏落地灯，一张床，一把椅子。当下，物质越发充盈，但人实际需要的东西其实非常少。如果一个人的物质需求过多，沉迷于与他人攀比，就会忽略自己的内心世界、精神需求，而内心与精神才是人类幸福的源泉。所以，正向领导者要追求化繁为简，聚焦重点，寻找捷径。另外，精简还是创新的原动力。

（5）专心。因为精简，所以要更加专心。在处理日常事务、与人沟通的过程中，正向领导者要做到专心致志、聚精会神。如此一来，沟通对象会因为感觉到自己被尊重而充满干劲。在现如今的信息时代，外界干扰无处不在，领导者很难做到专心致志。为避免干扰，做到专心，领导者要找到一个清晰的目标。

（6）沉着。正向领导者要具备很强的定力，做到处变不惊、沉着冷静，即便遇到紧急事件，正向领导者也要保持清醒的头脑，学会审时度势、运筹帷幄。只有如此，领导者才能让团队成员感到安心，才能维持整个团队的稳定。

（7）自信。因为了解自身的特点，所以正向领导者可以对自己的工作重点做出科学的判断，果断地舍弃不必要的工作。因为了解自己，所以正向领导者非常自信，能够激发团队成员的自信心，信任他人，也被他人信任。

（8）开放。正向领导者要做到虚怀若谷、宽容大度，乐于倾听、接受他人的意见与建议，善于观察、提问、学习。正向领导者深知自己掌握的知识有限，世界上还有很多自己不了解的知识与事物，为了更清楚地认知自己，必须接受他人的意见。同时，只有具备开放精神，领导者才能做到兼收并蓄、博采众长、实现创新。

（9）谦逊。正向领导者善于平等待人，他们知道每个人都不完美，有优点，也有缺点，所以人与人之间应该相互包容、取长补短。只有这样，团队成员才能和谐共处，才能通过相互协作达到共赢。

（10）仁爱。仁爱就是慈悲。正向领导者能够接纳不完美的自己，所以他们不会妄自菲薄，懂得自尊自爱。在此基础上，正向领导者会以同样的态度对待他人，原谅他人不经意的小错误，在他人需要之时伸出援手，帮他人解决问题、完成目标。

一般来说，如果一个人懂得自律、内省，那么这个人就已经进入了正向状态。但领导者要想成为正向领导者，除自律、内省之外，还要具备真实、精简、专心、沉着、自信、开放、谦逊和仁爱等素质。

自我实现与“心理资本”

正向领导力（Positive Leadership）是一种新出现的管理科学，与传统领导力存在很大差异。正向领导力聚焦领导者的内心，关注的是领导者的思维模式对自己及他人的影响；传统领导力关注的是领导者的行为。领导力前面增加了“正向”两个字，就使管理变得更有人情味，赋予管理爱、理解、幸福、快乐等多种内涵。通过正向领导力，领导者可超越一般意义上的成功，取得更加卓越的成就。

◆更加关注“自我实现的人”

无论在国内还是在国外，从制度管理到人性化管理都经历了一个漫长的发展过程。现代的管理方式开始关注人，关注沟通、激励等与人有关的管理词汇。制度管理的问题自然不在制度，而是忽略了人的管理，没有发现人的自我实现的需求。

根据马斯洛的需求层次理论，随着社会不断发展，人们的生活水平持续提高，人会逐渐从一个“经济人”转变为自我实现的人。具体到企业管理中就是，员工需求会从获取物质激励、经济报酬转变为释放自己的潜能、施展自己的才华。在这种情况下，管理者的主要工作就是将员工放到对其来说具有挑战性的岗位，满足其自我实现的需求。

全球知名的调查公司盖洛普（Gallup）对美国 30 个行业的 10000 个业务单位中的 400 多万名员工做了一项调查，调查结果显示，如果一名员工经常受到领导者的表扬，那么他的工作效率就能有所提升，他与同事之间的关系会更加和谐，对公司的忠诚度也会大幅提升，在工作过程中所做的安全记录更好，意外事故的发生率会大幅下降。同时，在其影响下，顾客对公司的满意度、忠诚度也能有所提升。相反，如果一名员工得不到领导的赏识与认可就会离职。

正向领导力通过对人性的深度理解提醒管理者正视员工的自我实现需求，将员工视为“自我实现的人”，以此为基础建设企业文化，将这一理念打造成“软文化”的“硬体现”。只有追求自我实现，并且能实现自我的员工才会对工作保持高度热情，对公司保持高度忠诚，才能与公司同甘共苦，共进退。

◆以“心理资本”向管理发起挑战

有些企业管理者虽然推行了个性化管理，却依然有很多困惑，比如作为企业的管理者，以身作则，关心员工，努力采取各种措施激励员工，为什么团队绩效迟迟得不到提升？为什么团队还是没有激情与活力？

对上述问题进行深入分析就可以发现，问题产生的原因就在于现代管理学自诞生之初就将管理者定位为“解决问题的人”，所以管理者即便关注员工，其出发点也是消极防范的思想，即如何防止在工作的过程中出现问题，如何防止业绩下滑等等。即便采取激励措施，比如全勤奖励，也是为了防止员工迟到影响工作进展，这些目标都非常消极。

基于这种定位，管理者在日常工作的过程中就被视为评判者、拯救者，评判的对象自然是员工。管理者的日常工作就是弥补漏洞，解决问题，不仅自己疲惫不堪，还导致员工满腹牢骚，问题层出不穷。即便勉强解决问题，管理者期待的愿景、目标也难以实现。

1998 年，宾州大学心理学教授马丁·塞利格曼（Martin E. P. Seligman）创立了“正向心理学”理论，他呼吁人们关注“人们对在哪里”。为了验证自己的理论，塞利格曼从美国某人寿保险公司中抽取了 1100 名员工做了一项调查，这项调查历时 5 年，结果显示，相较于消极的员工来说，积极的员工的销售额要高 88%，缺勤率要低 30%。

随后，以正向心理学为基础，正向领导力应运而生，借助这种管理理念与模式，管理者可以更好、更高效地实现自己的管理目标。基于正向领导力，管理者的工作重点从防范问题、解决问题方面转移，开始重点开发职场人积极的“心理资本”。

心理资本（Psychological Capital Appreciation，PCA）是美国著名学者路桑斯（Luthans）在 2004 年提出的一个概念。心理资本指的是人的心理状况与心理素质。所有人都有心理资本，心理资本的状况会在很大程度上影响工作业绩。

事实上，一直以来，人的心理状态与心理素质都备受关注，但作为管理领域的资本概念被提出并被系统分析与研究是近几年才发生的事情。心理资本涵盖的内容非常丰富，具体包括以下几点（见图 1－4）：

（1）希望：只有内心充满希望的人才会积极地创造价值。

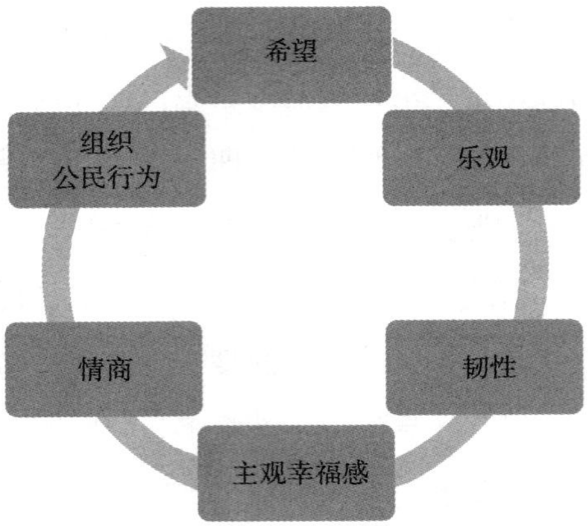

图 1－4　“心理资本”的内涵

（2）乐观：面对糟糕的事情，乐观者会将其归结为暂时的原因，等待时机再次尝试；面对好事，乐观者会将其归结为持久的原因，比如自身的能力与素质等等，再接再厉。

（3）韧性：面对失败、逆境、冲突可迅速恢复，可以承受一定的压力与责任的心理能力。

（4）主观幸福感：认为自己非常幸福，只有自己认为自己幸福才是真正的幸福。

（5）情商：能敏锐地感知到自己与他人的感受，进行自我激励，对自己的情绪进行有效管理。

（6）组织公民行为：能自觉地关心组织利益，维护组织效益。

每个人都拥有极大的发展潜力，所以相较于市场、技术、资金来说，心理资本拥有更广阔的升值空间，好的心理资本可产生决定性的竞争优势。如果一个人拥有极好的心理资本，就能很好地应对挑战，接受变革，即便陷入逆境，也能顺利脱身走向顺境，获得更大的成就。只有具备自信、乐观、坚韧等心理资本的人才能勇敢地创新，将自己拥有的知识、技能充分发挥出来，实现自我，同时也为企业发展平添支持与助力。

心理学研究发现：相较于心理资本低的人来说，心理资本高的人对工作的满意度更高，后者是前者的 2 倍；在活力方面，后者是前者的 5 倍；在忠诚度方面，后者是前者的 9 倍。也就是说，心理资本高的人回报率也高。

就企业而言，企业的核心竞争力来自团队文化、企业精神、优秀的员工，所以，很多优秀的企业不害怕竞争对手“挖墙脚”，因为对于这些企业来说，企业精神与文化才是核心竞争力，而精神与文化是不可复制的。

在实际工作过程中，心态积极的人更有探索与创新精神，所以，这类人更容易获取一些重要资源，比如工作资源、人脉资源，这些资源又会赋予人好心情。于是，就形成了一个良性循环。在这个良性循环中，人可以持续不断地获取新技术、新知识、新人脉，使自己变得更加自信，幸福感更强，进而获得更高的回报。

既然心理资本如此重要，那么企业与员工就可以有意识地获取、提升心理资本。假如企业的关注点仍放在资金、市场、技术等方面，员工个人只专注于新知识的获取和新技能的提升，那么就一定会被市场淘汰。所以，企业要积极组织拓展训练，认识自我、提升自我、发展自我，做好企业文化建设，实现终身学习与发展。

东西方管理融合的典范

我国的思想文化、价值观念与西方国家有很大不同，所以中西方的管理学一直派系分明。正向领导力是以正向心理学为基础产生的，体现了东西方管理思想的融合。比如，正向领导力的核心思想是培养同理心，让人具备宽容、感恩的精神。与之相似，《周易》中说“君子以厚德载物”，强调的也是德行品质，这一点两者不谋而合。再比如，正向领导力的积极关系是关注员工优势，扬长避短，在企业内部建立一个互补的能量网络。在我国，早在2000多年前，《中庸》一书就提到了要协调人际关系，比如君臣关系、父子关系、兄弟关系、朋友关系等等，达到“三达德”境界，也就是智、仁、勇。这三种品德可以互通、互补，进而实现天下和合。

正向领导力通过以下方式融入了我国传统的管理思想和特色的管理需求。西方现代管理理论在自我提升、自我实现方面存在不足，正向领导力从品德修养、自我提升方面弥补了这种不足，从领导艺术、员工队伍建设、团队协作等方面切入，与中国特色管理思想中的“安人”思想互为补益。正向领导力强调鼓励员工积累心理资本，为员工创造一个可持续发展的环境，与中国传统的“定邦”需求实现了有效对接。

正向领导力与中国特色管理理念的融合体现在两个方面，一是管理理念的高度柔性化，二是与我国企业战略管理观念的多角度融合，体现了西方管理学与东方管理学融合发展的趋势。

咏给·明就仁波切与比尔·乔治教授曾共同主持过一次正向领导力大会，前者是著名的佛教禅修大师，后者是哈佛商学院的知名教授，这场大会吸引了400多人参与。经大会讨论，他们得出这样一个结论：在正向的引导下，人可以专注于当下的状态，对自己及周围人进行感知，尤其可以对自己面对紧张环境时的反应敏感度进行感知。意思就是，在感知自己的敏感度方面，一个人持有某种想法或情绪与他意识到自己持有某种想法和情绪存在较大差异。比如，A对B有成见与A意识到自己对B有成见是不同的，或者A存在抑郁情绪与A意识到自己存在抑郁情绪存在一定的差异。

另外，梅纳德·布鲁斯曼对正向、冥想与领导力之间的关系做了研究，指出阻碍领导力发展的最主要因素就是缺乏自我认知，而冥想可以使这种情况得以有效改善。于是，可以得出以下结论：在发展领导力方面，正向是一种有效手段。

2007年，谷歌陈一鸣启动了一个名为“探索内在的自己”的正向课程，该课程的重点在于指导人们更好地管理自己的情绪，以提升自己的领导力。为此，这门课程吸引了无数谷歌员工参与。从2011年开始，谷歌每个月都会开展一次正向午餐，参与者全程禁言。截止到目前，这项课程拓展到了世界很多国家和地区，比如东京、巴黎、悉尼、纽约、新加坡等等，影响力越来越大。

2012年，英特尔推出一个正向项目——“唤醒英特尔（Awake@Intel）”，通过这个项目，参与者在工作过程中感受到的压力与挫败感减少了20%，开心度、幸福感提升了30%，创造力、专注度、人际关系质量、洞察力、清晰度等指标均提升了20%。

正向领导力倡导在管理过程中发现人的优秀品质，刺激人产生积极的心理活动，让领导者取得非凡的成就与卓越的正向结果。美国著名管理学家金·卡梅伦（Kim Cameron）教授对正向领导力做了总结、分类，将其划分为四大内容：

（1）正向氛围：在企业内部创建一个人人都懂得感恩、宽恕、充满激情、热情的工作环境。

（2）正向关系：关注员工的优势，在企业内部构建一个互补的能量网，使员工的特长得到有效发挥。

（3）正向沟通：做好支持性沟通，更快、更好地传播信息。

（4）正向意义：将员工的个人利益与企业利益绑定在一起，增强个人的归属感，实现个人价值。

CHAPTER 2

正向训练：有效培养正向领导力

寻找内在的自我

洞察追随者的行为模式

有效发挥正向领导力

积极地影响他人

赋能员工实现自我价值

寻找内在的自我

管理者充分发挥正向领导力，是企业从一系列商业战争中脱颖而出的关键所在。将正向理念融入自身的管理实践之中，打造正向领导力，帮助员工缓解压力，释放其潜能，从而提高员工效能，受到了越来越多企业管理者的青睐。思想决定行动，行动决定结果，想要让员工创造更高的价值，管理者还需要更多地从员工思想层面着手，提高其工作积极性和创造力。

研究证明，当人们遇到困难时，会产生一定的心理压力，压力得不到释放会导致人身体不适，并且容易造成人为失误。而正向思想对解决个体因为担忧、恐惧、愤怒等负面情绪造成压力过大，从而做出不理智决策和行动问题有颇为积极的效果，因为它能让个体倾听自己内心深处的真正声音，将精力放在预期目标之上。

◆正向反思训练（见图2－1）

正向领导行为	具体行动表现
成为引导价值明确的伦理榜样	在日常生活中,为员工们树立伦理榜样,帮助员工们明确正念本源,明确自身伦理价值,并与企业价值观体系建立紧密的情感关联
启动促进价值协同的导师计划	在工作与生活场景中,为员工提供正念干预,帮助员工们更加清晰地理解自身工作意义和价值,并为员工们提供正念支持与监督
倡导嵌入真实情境的反思训练	在处理某一特定问题的过程中,尤其是面对大量冗杂工作,或遭遇艰巨挑战时,选择时机为员工们启动正念反思,集中工作焦点,找回工作乐趣

图2－1　正向反思训练

（1）成为引导价值明确的伦理榜样

探索内心价值本源，回归真实的自我是正向反思的核心理念，善于进行正向反思的人，视野较为开阔，有较强的创新能力。不过，很多企业走向灭亡并非是因为领导者没有进行正向反思，而是他们不能遵循基本商业伦理价值。

研究证明，人们制定决策时，为了提高效率，降低成本，往往倾向于沿用传统决策模式，按照自己的经验行事。前安然高管安德鲁·法斯托（Andrew Fastow）在描述自己当时的决策过程时指出："公司同事对我毫不吝啬类似'金融天才'的赞美词汇，决策时根本不会受到他们的干预，当时的自己内心极度膨胀，认为自己有能力处理好一切问题。"

所以，管理者坚持正确的伦理价值观，并身体力行，将自身塑造成为员工的榜样是很有必要的，这能对员工的行为进行有效规范。如果管理者没有统一价值观，仅是要求员工进行正向反思，不但难以取得预期效果，甚至会加强员工的一些负面行为和价值观要素。这要求管理者确保自身具备积极正向、和企业价值观相一致的道德标准与基本原则，并将其体现在自己的日常工作中，在潜移默化中影响员工的行为与决策。

（2）启动促进价值协同的导师计划

领导者不但要为员工树立伦理价值榜样，更要和员工进行深入交流，帮助员工在日常工作中进行正向反思，让员工对工作的意义有更为深入的认识。实践经验告诉我们，在日常工作中，如果有人能够和我们交流心得，分享经验，可以帮助我们有效缓解工作压力，在工作中获得更多的快乐，更为积极主动地完成工作任务。

所以，管理者可以通过制定并实施促进价值协同的导师计划，来为员工的正向反思提供有效指导和帮助，这能让员工显著提高自我认知能力，将个体目标和组织目标有机结合。同时，在这个过程中，管理者可以有机会在一种相对轻松的环境中和员工交流“企业应该树立何种企业文化和价值观”等重要问题，引导员工和企业文化及价值观保持一致，而且让管理者可以倾听员工的建议，对企业文化和价值观进行不断完善。

（3）倡导嵌入真实情境的反思训练

一个能够让员工正向反思的私密、安静的集体空间，对员工开展正向反思具有事半功倍的良好效果。心理学表明，舒适、愉悦的物理空间本身就是一种能够引导人们进行正向反思的激励因素，不过，仅有物理空间支持是不够的，管理者要让员工能够和真实的情境相结合，让员工在实际工作场景中感受到正向反思对其工作效率与质量提升带来的积极影响。

盖洛普咨询公司（Gallup）曾经发布了一项全球工作场所发展现状

（State of the Global Workplace）的研究报告，报告指出，高达87%的员工认为自己和所做工作之间联系程度较低，日常工作时的主要精力用在了完成上级派发的各种“紧急”任务上，而缺乏足够的精力用来进行战略性思考，比如，我在工作中能够创造何种独特价值？这种价值对自己的职业生涯又有什么帮助等。

管理者发挥自身的正向领导力时，可以结合具体问题，特别是当团队处理那些复杂项目或者遇到困难时，指导员工进行正向反思，让他们找到前进方向，制定更为科学合理的解决方案，是会产生十分良好的示范效果的。

谷歌正向课程“search inside yourself”（寻找内在的自我）就是为了引导身处于快节奏、强压力的工作环境中的员工们要专注当下，在不断解决实际问题过程中发展进步。

◆正向领导力的培养

正向领导力的运用是需要结合一定的策略与技巧的，领导者在管理实践中，尤其需要注意以下几个方面（见图2－2）：

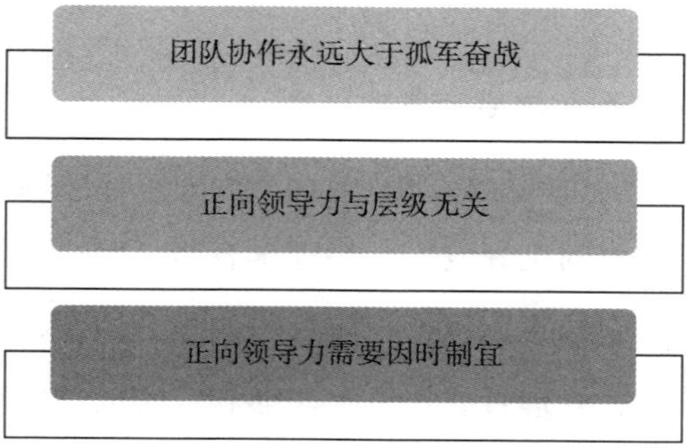

图2－2　正向领导力的培养

（1）团队协作永远大于孤军奋战

要想让正向领导力的优势得到充分发挥，构建企业的核心竞争力，领导者首先要确保所有组织成员协同合作。比如：管理者要引导员工积极进行正向反思，为员工提供指导与帮助，让员工感受到关怀和温暖；在绩效考核方面，领导者不仅要重视员工创造的业绩，更要关注员工的内心状态。企业领导者要充分认识到，正向领导力的构建并非是某一个管理者的个人职责，而是需要所有组织成员提供强有力支持，从而在战略规划、规章制度等方面做出有效调整。

（2）正向领导力与层级无关

尽管不同层级的领导者都需要具备一些相关的领导特质，比如在团队和员工中发挥自己的影响力。但是，领导力并不是领导者的特权，一个伟大的组织需要在各个层面、各个领域建立起领导力。例如，在葡萄牙索纳克公司（Sonac），公司的口号是："在Sonac，你不是领导者，就是候选领导者。"这句口号明确地表达出这样的含义：如果你既不是领导者，也不是候选领导者，那么你就不适合在Sonac公司工作。于是，在这样的组织文化熏染和激励下，领导者和员工一起完成组织目标，共同创造高绩效，让平庸无处藏身。

（3）正向领导力需要因时制宜

从历史上看，许多领导者之所以取得举世瞩目的成就，在很大程度上得益于他出现的时间和地点。但随着情境的变化，领导者原有的特质也会随之失效。比如在第二次世界大战期间，丘吉尔首相以他强大的领导魅力激励着整个英国，然而第二次世界大战结束后，当整个民族致力于战后重建的时候，他的"斗士风格"就与现实显得有些格格不入了。

正向领导力可以帮助员工更好地进行自我管理，尤其是情绪管理，使其专注当下，将自我价值和组织价值统一起来，和其他组织成员建立密切合作关系，显著提高组织稳定性。正因如此，领导者才必须要具备对环境的敏感性和适应能力。而且对于领导者而言，适应环境仅仅是一个起点，他们的最终目标是影响环境，甚至是改造环境。他们会为了员工的利益而“让事情有所不同”，这就是正向领导力的核心价值的体现。

确实，在这个充满不确定的时代，所有企业管理者都应该积极培养并发挥正向领导力，使自身在企业的转型中发挥更为关键的作用。但也要认识到正向领导力的局限性，企业管理本身是一项系统复杂的管理体系，而正向领导力只不过是企业管理的诸多手段之一，在这之外，还需要借助绩效管理、企业文化管理、培养魅力型管理者等诸多管理手段。

洞察追随者的行为模式

玛丽·帕克·芙丽特（Mary Parker Follett）被誉为“管理理论之母”，她曾经说过：“没有追随者，就没有领导力。”领导者要想形成领导力，就必须与被领导者互动，虽然有时候这种互动会对领导力的形成产生消极影响。领导力并非产生于权力的行使，而在于领导者是否能增强被领导者的权力感。玛丽认为，领导者的基本工作是培养更多领导者。

初期，很多研究领导力的学者都将研究重点放在了领导者身上，研究领导者的特性、风格与行为。在那个阶段，也有一些学者将研究重点放到了挖掘领导力方面，比如对领导者与被领导者之间的关系进行探索。

◆追随者的四种类型

哈佛商学院的亚伯拉罕·扎莱兹尼克（Abraham Zaleznik）教授最早开始研究追随者。通过研究，他将追随者分成了两大类：第一类是积极主动的追随者与消极被动的追随者；第二类是顺从型的追随者与操控型的追随者。在第一类中，积极主动的追随者会主动融入组织，积极出谋划策，主动参与各项工作，在工作过程中表现得十分活跃；消极被动的追随者比较沉默，一切听指挥，顺其自然。在第二类中，顺从型的追随者希望遵从领导者的意志，听命于领导者；操控型的追随者希望用自己的意志控制领导，让领导者听从自己的意见与建议。

基于上述考虑，亚伯拉罕对追随者做了细分，划分成了四种类型（见图2－3）：

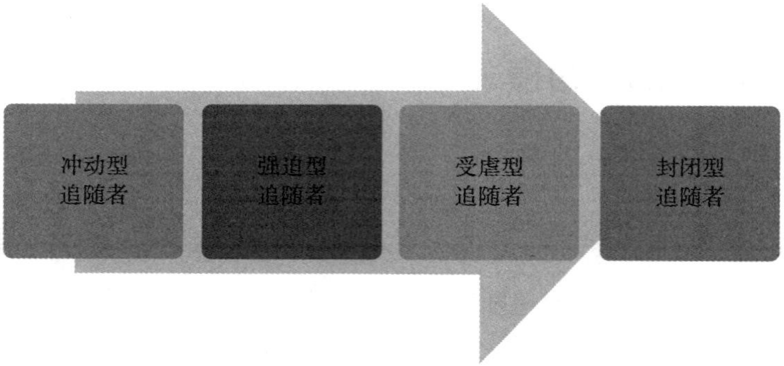

图2－3　追随者的四种类型

（1）冲动型追随者：这类追随者积极主动、有一定的控制欲，人数不多，管理难度较大，比较叛逆，希望践行自己的想法，不愿接受领导。这类追随者的优点在于擅长冒险，英勇无畏。

（2）强迫型追随者：这类追随者有一定的控制欲，希望管理者听命于自己，但又消极被动，不自信，经常对自己的想法犹豫不决。

（3）受虐型追随者：这类追随者积极主动而且非常顺从，乐于接受领导，即便他们发现领导者交办的任务很难完成。

（4）封闭型追随者：这类追随者对自己职责之外的事情漠不关心，只做本职工作，而且很少作为。

◆追随者行为模型

1988年，著名管理大师罗伯特·凯利在《哈佛商业评论》上发表了一篇题为*In Praise of Followers*的文章，提醒人们认识追随者的作用与影响。在这篇文章中，罗伯特提到公司能否实现可持续发展，一方面取决于领导者的领导质量，另一方面取决于追随者的追随态度。一名优秀的追随者应具有热情、智慧、独立的精神，努力实现组织目标，这是其与平庸的追随者最大的区别。此外，罗伯特还发现，卓越的追随者与平庸的追随者的行为特点有很大的不同，主要体现在追随者的思维方式与行为方式上。具体包括追随者是独立思考，还是一味地听命于领导者？在工作过程中是保持积极主动的态度，还是秉持消极态度，释放不良情绪？

罗伯特使用二阶矩阵构建了追随者的行为方式模型，中间设一个矩形，上方是独立性、批判性思维，下方是依赖性、非批判性思维，左边是消极思维，右边是积极思维。据此，罗伯特将追随者划分成了五种类型：异端型追随者、榜样型追随者、被动型追随者、顺服型追随者和实用型追随者（见图2－4）。

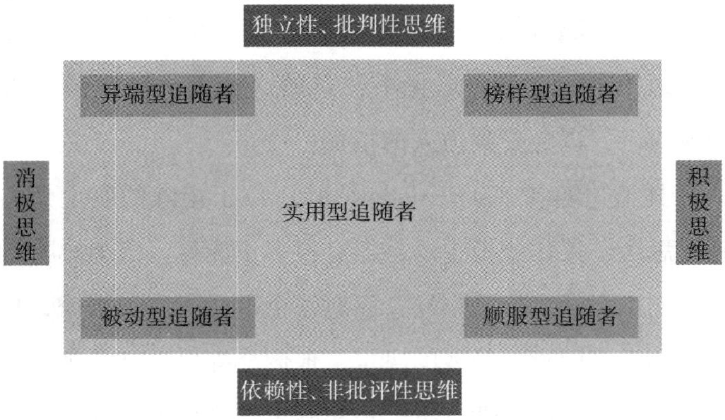

图2－4 追随者的行为方式模型

（1）被动型追随者（sheep）：位于矩阵的左下角。这类追随者比较被动，不具备批判性思维，不愿意独立思考，比较依赖领导者，愿意接受领导者的领导与监督。接到任务之后，这部分追随者会按部就班地完成任务，但完成任务之后就不再关注整个事项，工作不积极主动，也不愿意承担责任。虽然被动型追随者具有可塑性，也不会引发争议，但需要领导者主动布置任务，予以照拂。

（2）顺服型追随者（yes—people）：位于矩阵的右下角，这类追随者会积极主动地工作，任务完成后，会主动向领导问询接下来需要做什么工作。这类追随者敬业，但过于顺从，非常受缺乏自信的领导者的喜爱。

（3）异端型追随者（alienated）：位于矩阵的左上角，具备独立思考的能力，但工作态度消极，充斥着很多负能量。面对新问题、新形势，这类追随者总能找到很多理由拒绝应对，对当下正在做的工作持怀疑态度，没有长远的规划。但在他们的自我认知中，自己是特立独行者，因为只有他们敢于挑战领导者。

（4）实用型追随者（pragmatists）：位于矩阵的中间，向周围四个阵营延伸。这类追随者崇尚中庸之道，追求“安全第一，遗憾第二”，他们不会是第一个响应者，以免不明目的，误上“贼”船；也不会是最后一个响应者，以免受到他人的指责。

（5）榜样型追随者（star—followers）：位于矩阵的右上角，这类追随者会独立思考，工作积极主动，拥有很多正能量。因为具有批判性思维，所以他们不会全盘接受领导，面对一个事件或一条指令，他们有自己的思考。如果不同意领导者的决定，他们会提出自己的观点，和领导一起讨论，最终得出可行性方案。在实际工作过程中，这类追随者更像领导，但他们确实是追随者，而且是卓有成效的追随者。

随着高等教育不断普及，追随者的受教育水平有了大幅提升，管理难度越来越大。如果领导者能对追随者进行有效管理，引导其将潜在力量释放出来，就能获得诸多好处。如果领导者目无下尘，不在乎追随者的管理，就会使自己的工作陷入困境。要想做好追随者的管理工作，领导者必须意识到一点，就是每个追随者都有自己的特点，不能一概而论，要将其区别开来，有针对性地进行管理。就像销售人员要提升销售业绩，就要对目标客户进行细分，开展精准营销一样。

由此可见，在实际管理过程中，领导者必须认识到自己在不同类型的追随者面前毫无优势可言，所以领导者必须实时关注追随者，制定决策时要考虑追随者的想法。在企业中，有些领导者也是追随者，因为他们还有上级领导。在传统的组织架构与管理模式下，追随者即便有想法也不敢表达，现如今，追随者掌握了一些表达自己意愿的方式与策略，敢于直言不讳。

管理者越来越需要关注追随者。在一个企业中，领导者要关注下属，下属要理解自己的工作内容与岗位职责，两者不是对立关系。如果下属认可自己的领导，就会给予领导者极大的支持，辅助他完成各项工作。重视追随力使领导者与追随者之间的互动模式变得更加复杂，同时也加深了人们对两者之间互动模式的理解。

有效发挥正向领导力

◆强调“长善”而非“救失”

“长善”的意思是发现员工的优点与长处，进行精心培养，使其不断成长与完善；“救失”的意思是正确认识员工的缺点与不足，通过耐心教育与引导帮助其改正缺点，弥补不足。

为实现组织变革，领导者必须发现组织运转过程中存在的问题，而且要利用新技术、新策略、新观念对这些问题进行处理、解决。如果领导者一味地关注追随者的缺陷与不足，就会在组织内部形成紧张、焦虑的气氛，即便出现问题，为避免自己受到责备，员工也不愿意主动告知管理者。因为追随者不愿意为新尝试承担责任，所以组织很难形成创造力。为避免此类问题发生，正向领导者要支持、奖励、鼓励那些负责任的追随者，面对工作中出现的各类问题，领导者不应一味地责备员工，要和员工一起解决问题。

◆善于正面引导员工

正向领导者鼓励管理人员关注优秀员工，而不是将时间浪费在问题员工身上，这些问题员工有的总是制造麻烦，有的长期对公司不满，有的只会口头叫嚷，从不行动。在一个组织中，这类员工就是害群之马，随时随地表达自己的不满情绪，不仅会对优秀员工的工作心态造成不良影响，而且会占用领导大量时间，造成不必要的时间浪费。

如果用“帕累托法则”分析管理者对待问题员工的这一现象就是：领导者在80%的下属身上投入了80%的时间，而且问题得不到有效解决，而这80%的员工的消极情绪会在组织内部不断扩散，使积极员工受到感染，导致全体员工的士气一落千丈。为避免这种情况发生，领导者要将80%的时间投放到20%的优秀员工身上，予以赞扬与鼓励，引导他们向着更好的方向发展。

◆尊重员工的个性化

正向领导者会有针对性地指导员工，而不是用一种领导风格管理所有人。每一位员工都是一个独特的个体，他们有自己的工作计划、目标、理想与恐惧。传统领导者认为自己的管理风格是参与式的、变革型的、有远见的，而正向领导者会将不同的管理风格视为工具，让其在合适的时候发生作用。在鼓舞士气方面，领导者有很多方法可选，最终选择何种方法，要根据人群及所处的环境来确定。

◆追求团队的系统化运作

在团队管理方面，正向领导者采用的是系统运作的方法，不仅强调个体的独特贡献，还关注群体的有效运转。一般来讲，系统都具备以下两大特征：

第一，系统是由不同的部件构成的，每个部件都有自己独特的功能。

第二，这些部件之间相互联系、相互连接、相互影响。

构成生态系统的这些部件之间的协作方式与大脑和神经的互动方式不同，这些部件相互依赖，最终达到平衡。正向领导者必须认识到一点：组织中的每位员工都有自己独特的需求、才能和工作风格，在这种差异协同中，组织的力量可得到有效增强。员工的同质化系统不会产生协同作用。所以，正向领导者要对不同个体的优势进行充分挖掘，建立工作组、任务组，利用一切可以利用的机会，让团队成员形成优势互补。

◆为未来做好准备

正向领导者要具有前瞻性思维，不要局限于过去的决策，要勇于探索各种可能。只要领导者不再纠结于过去的问题，就会将更多精力投放到未来，关注未来会怎么样，而不是现在会如何。在一个组织中，正向领导者要关注如何抓住机遇、利用机遇，如何保持敏锐，灵活地应对各种突发事件。

正向领导者清楚自己无法为所有事情做好计划，但可以为所有事情做好准备。在此情况下，正向领导者会打破对挫败做出反应的习惯，不会再固执地遵循战略规划中的每一个条例、步骤，能够提高灵活性。正向领导者十分清楚，一个组织需要未来的发展规划，组织中的成员更需要做好准备，迎接未来。

正向领导者会鼓励员工发展自己的专长，实现个人成长与发展。为此，正向领导者会经常为其提供培训、进修的机会，教育他们如何将眼前的工作做好，如何承担更大的责任，如何为下一份工作做好准备等等。正向领导者衡量成功的标准不是这些员工是否具有不可替代性，而是这些员工离开之后，组织能否正常运转。

◆摒弃等级森严的科层制度

正向领导者不喜欢等级森严的科层制度，更倾向于团队合作。在等级森严的科层制度中，管理者推崇自上而下的管理方式，决策权掌握在少数人手中，制定决策、实施决策的速度都非常快，同时成本也很高。在一个组织中，基层员工、一线员工往往有规避损失与风险的最佳建议，甚至有些员工还能对组织的可持续发展提出有益见解。另外，领导者单方面决策，不征求员工的意见，会导致员工不易接受决策，对决策落地实施的效果造成不良影响。

为避免上述问题出现，领导者制定决策时要打破严苛的层级制度，尽可能征求员工的意见与建议。在正向领导者看来，员工是非常重要的合作伙伴，如果必须由个人承担责任，正向领导者也会营造一种轻松的氛围，鼓励团队成员自由交流，达成统一意见，做出最终决策。

◆坚持人本理念，尊重员工价值

在正向领导者看来，团队中的每一位成员都是有能力的个体，不需要被人领导、控制，相信他们可以在工作过程中充分发挥主观能动性。很多管理学家都将员工描述为需要领导者解决的问题或需要领导者控制的机器，这是对管理的错误理解。事实上，管理最基本的观点就是，管理不是领导者专属的权利与责任，是组织中所有成员都要面临的问题。

正向领导者希望摒弃僵硬的命令——执行模式，希望引入人本管理等新型管理方法，尊重员工，相信员工可以做出科学决策。比如，传统领导者不仅会告诉员工最终要达到的目标，还会将通往目标的路线设计好，让员工按照规划好的路线稳步前进；正向领导者只会告诉员工最终的目标，他们相信员工可以找到合适的方法达到目标。

积极地影响他人

领导者这一角色本身就具有较高的挑战性，即便是最有经验的经理人、执行官也需要付出心血与精力适应这一角色。

现阶段，经济增速放缓、市场竞争愈演愈烈、资源越来越少，企业面临着严重的生存与发展危机。在此情况下，领导者目之所及都是问题，为了解决问题，增加利润，领导者必然会采用强硬的竞争性策略，在这种情况下，打败、竞争、对抗等消极词语会逐渐取代美德、同情、善良等积极词语。在危机情况下，人类会遵从本能对负面事件保持一定的警醒，过度关注问题与障碍，使负面反应在人们的行为中占据主导地位。

【案例 1】制度把“人情味”关在门外

K 是一名经验丰富的经理人，在消费行业有着数十年的从业经历，接受过 MBA 教育，曾在知名企业工作。现在，K 到一家连锁餐饮企业任职，将自己求学时学到的典范制度引入该企业，在企业内部构建了一个完善的管理体系，该体系覆盖了用人安排、工作流程设计等多个环节，节约了大量人力成本，获得了老板的信任与认可。

K 指导编写了员工手册，对工作内容做出了详细规定，每个月一次的培训、每个季度一次的绩效考核、年终考核等工作都有条不紊地进行，所有管理制度都几近完美。在这些制度出台后，员工甚少迟到，所有工作都按时按量完成，但 K 总感觉企业内部充斥着一种怪异的气氛。

直到某一天，某分店发生了一场火灾，安保人员发现火情后立即向员工发出通知，结果只有两名主管赶到了现场。这件事情之后，K 对自己的管理模式进行了反思，发现自己的管理理念、管理模式过于强调规则，严重缺乏“人情味儿”。

【案例 2】你的团队为什么“不在状态”

李先生是某个制造厂的副厂长，非常注重团队管理，对自己严格要求，以身作则，每天都会在固定时间组织员工喊口号。几年来，他带领的团队基本上都能按时完成生产任务。但从 2016 年开始，随着市场竞争愈演愈烈，总公司决定增加产量。为了激发工人工作的积极性，完成总公司下达的增产目标，李先生更加积极，每天早晨都会带头喊口号，但连续 2 年，他带领的团队都没有完成生产任务。

虽然这支队伍毫无错处，但他们每个人都不在状态。李先生对此百思不得其解，不知道如何调动团队成员的积极性，让他们每个人都“在状态”，创建一只追求卓越、勇于创新的生产队伍。

在不利的经济形势中，有一种组织能逆向生长，之所以如此，就是因为这种组织采用了在正向领导力的基础上形成的非常规策略。正向领导力聚焦组织中的积极因素，关注组织成员的优点，鼓励员工，激发员工的潜能，让其爆发出巨大的能量（见图2－5）。

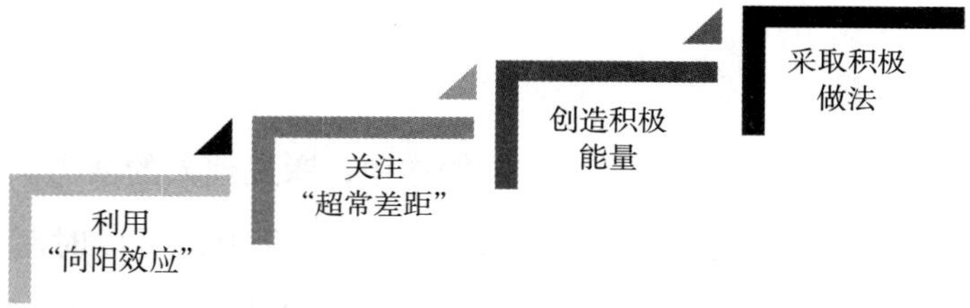

图2－5　领导者如何积极地影响他人？

◆利用“向阳效应”

关注一个组织中的积极因素可以形成“向阳效应”，即所有生命系统都会主动趋向积极能量，规避消极能量。在自然界系统中，大部分植物都向阳而生，对于人类来说，这个“阳”就是积极的信息，所以人类会主动接近、获取积极信息。相较于消极因素来说，积极因素能更好地激活人类的大脑，使人的生理机能维持在一个更好的状态。面对困境，管理者要善于采用积极策略，提升公司全体员工的士气，克服困难，实现更好的发展。

◆关注“超常差距”

“超常差距”指的是正常绩效与正向偏离绩效之间的差异，“缺陷差距”指的是正常绩效与负向偏离绩效之间的差异。面对危急情况，领导者会将所有注意力放到缺陷差距上，专注于解决问题。当然，在这个过程中，领导者还要关注障碍与困难，这部分通常需要领导者投入较多精力，导致超常差距得不到有效关注。研究发现，在困难时期，如果领导者能同时关注超常差距与缺陷差距，就能使绩效得到显著提升。

◆创造积极能量

积极能量能对他人产生激励、鼓舞作用，激发他人的活力。与拥有积极能量之人交往，会感受到充沛的活力及生命力，可以时时受到鼓舞。一个人能否成为积极能量者与个性无关，积极能量是通过后天学习获取的。在一个组织中，拥有积极能量的领导者能让周围的人变得更加优秀，带领整个组织实现更好的发展。相关研究表示：在一个发展状况极好的公司中，领导岗位必然由拥有积极能量之人担任，在这个组织中，拥有积极能量的员工数量也是普通组织的3倍。

◆采取积极做法

有些人认为，积极策略只在个别情况下适用，在高压情况下根本无法发挥出应有的作用。比如，只关注短期利益的公司、强调命令与控制的军队，似乎都不适合推行正向领导力。事实上，如果一个公司富有同情心、值得信赖、充满感恩、乐于受教，其盈利能力会比同行业其他公司高很多。另外，现如今，军队也强调引入积极因素，进行人文关怀。

一个组织拥有积极领导力，表示这个公司人际关系融洽、有活跃的工作氛围、管理者与员工全部都积极向上等等。在当下的工作场景中，这种领导力已然非常难得，但如果企业要想在激烈的市场竞争中取胜，还要引入正向领导力。

赋能员工实现自我价值

进入新时代之后，企业的领导者、管理者要重新审视员工，肯定每一位员工的才华与能力，将员工视为有能力、有复杂情感的个体，而不是需要被控制、被领导的“机器”。实践证明，一个组织鼓励员工发挥自己的主观能动性，往往能获得更出色的结果。而且，这种方式能刺激员工对顾客报以热情，然后顾客会以同样的态度回应员工，二者由此建立情感联系。通过员工与顾客的这种情感互动，企业就有了实现可持续发展的动因。

每个人都有缺点，与其过度关注员工的缺点，想方设法让其改正，不如对员工的优点进行挖掘、利用。研究表明：一个人有 24 种情绪天赋，这些天赋会以思维、感觉、行动为载体体现出来。如果管理者能对这些天赋进行有效分类，就能全面、深入地了解员工，对他们的长处进行有效利用。比如，有些员工有表达天赋，可以将枯燥的主题用一种有趣的方式表达出来；有些员工具有沟通天赋，能有效化解人与人之间的冲突与矛盾；有些员工具有理解天赋，擅长换位思考，理解其他员工等。

在企业管理中，领导者必须关注员工的八大需求，只有这样，才能刺激员工做好工作，提升工作成绩。如果领导者忽略了这八大需求中的任何一个需求，就极有可能阻碍企业发展。下面对这八大需求进行具体分析（见图2－6）：

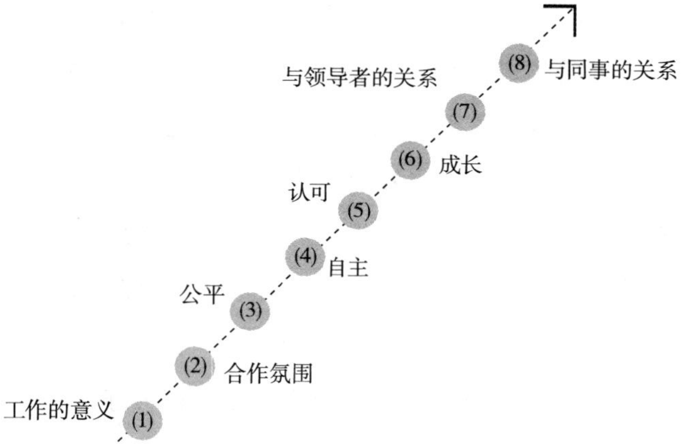

图2－6 员工的八大需求

（1）工作的意义：员工要理解自己工作的意义与价值，自己的工作是否能与组织总体目标对接。如果自己的工作目标与组织总愿景有连接，那么这种连接是如何形成的？组织文化有何意义？公司价值体现在哪里？

（2）合作氛围：员工希望在一个充满激励的环境中工作，希望和其他员工协作。

（3）公平：员工希望获得公平、公正的待遇，尤其是在薪资、福利、工作量等方面，而且员工希望受到他人的尊重。研究表明，受到不公平对待是员工离职的主要原因。

（4）自主：员工希望自主完成任务，获得足够的信息自行决策，不希望受到上级领导的指挥与控制。

（5）认可：员工希望自己的工作成果获得领导的认可与赞扬。

（6）成长：员工希望获得学习、成长、发展的机会，实现个人成长与职业发展。

（7）与领导者的关系：员工希望领导者能和他们分享信息，将他们视为合作伙伴，彼此信任，从而建立起稳固的伙伴关系，创造一种和谐的工作氛围，希望自己在工作中能够得到领导者的鼓励。

（8）与同事的关系：员工希望同事能与其分享信息，建立友好关系，相互鼓励、相互协作，更好地完成任务。

企业要想实现可持续发展，就必须通过领导者留住优秀员工。高薪酬固然是留住员工的一种有效方法，但不是唯一的方法。现如今，员工需求越发多元化，除了希望获得高薪酬之外，他们还会考量工作环境，考虑自己的付出是否得到了相应的回报，是否被授予了一定的自主权，是否有机会实现个人成长与发展等等。在这种情况下，领导者必须改变过去那种只关注眼前结果、只注重命令与控制的领导方式，要积极引入新的、参与度更高的管理形式，着眼于长期结果，致力于提升员工的满意度。

在现有的管理模式中，大部分员工的需求都没有得到有效满足，而且员工绩效水平在不断下降，所以，组织必须摒弃传统的管理方法，积极推进管理方式的革新。为此，正向领导者必须激励团队中的每一位成员，为其创造他们想要的工作氛围，激励他们在工作过程中充分发挥主观能动性，积极参与学习与培训，增长知识、提升能力、分享才干，实现个人成长与发展。现如今，只会发布命令、评估绩效的管理者逐渐失去了员工的拥戴，那些愿意对员工的工作进行指导，愿意相信员工、支持员工、帮员工实现目标的管理者开始广受欢迎。

D曾在一家知名的消费品公司任职，负责一个知名品牌的营销工作。几周前，她查阅了该品牌过去所有的销售资料，为下一年度销售计划的制订做了充足的准备。在这个过程中，D发现该品牌的营销忽略了一些消费群体，目标消费群体定位不准确。于是，D考虑是否可以通过调整产品定位吸引一些新顾客，如果能做到这一点，产品销量将发生翻天覆地的变化。

有了这一想法之后，D开始着手实现这一想法：制订策略，收集顾客资料，对竞争对手进行研究等等。所有分析都表示她之前的判断是正确的，于是她夜以继日地重新规划品牌形象。在这短短几周的时间里，D享受到了全身心投入一份工作带来的充实感、满足感，她预感到了自己的成功，并为此深受激励。

策划案完成后，D前往上级领导的办公室开审评会，领导肯定了她的努力，但认为她的这番作为属于多此一举。在上级领导看来，这个品牌一直都很畅销，而如此高的销量绝非偶然，如果贸然推出一个新的促销计划很有可能给公司带来风险。而D的工作是关注市场动向，关注现行计划，不是改变计划。

上级领导的这番评价令D倍感失落，她开始怀疑这份工作是否适合自己。几周后，D辞职了。当时，公司没有人会意识到D的辞职会给公司带来多大的损失，也没有人会考虑这个问题。但之后，当D在品牌营销方面展现出独特的天赋，帮其他公司实现大跨步发展的时候，这家公司的管理者才意识到他们失去了一个人才。

事实上，在现实的工作场景中，很多员工深有同感。但领导者需要换一个角度思考这个问题：假设你的手下有一名 D 这样的员工，你是否会同意他的方案，鼓励他发挥自己的才能？如何发掘他的才能？如何让他产生主人翁精神，对工作保持长久的热情？要想解决这些问题，领导者必须改变，必须关注、重视员工的职业发展。

构建一个高效的组织与团队是领导者的责任。领导者拥有很多实际权力，可以聘用或者解雇员工，这种决定会对员工及其家庭的经济状况产生直接影响。因为领导者与员工的权力不对称，所以领导者可以利用员工对权力的恐惧迫使他们完成工作。无论领导者多么隐晦地采用这种方法，面对丧失工作的威胁或当中受辱的恐惧，员工会按领导的命令行事。据了解，即便领导者不承认，他们在日常管理工作中也总是将威慑作为最主要的管理工具。

CHAPTER 3

愿景驱动：建立共同的组织愿景

共同创造组织的未来图景

从“个人愿景”到“共同愿景”

愿景型领导的十项修炼

五步制定企业使命、愿景和价值观

创建由价值观驱动的公司

HOW时代的新型价值观体系

共同创造组织的未来图景

“愿景”（Vision）一词最早来源于美国管理学大师彼特·圣吉（Peter M. Senge）的《第五项修炼》一书，指“愿望的景象”，是一种和“现实的景象”相对应的概念。具体到组织体系上，愿景是一种特定的预期结果、一种期望的未来景象或意象，能够像使命一样驱使人们不断向前。

对于企业来说，共同愿景是指引企业方向的灵魂与纲领，是企业员工普遍认同并愿意为之奋斗的长远目标。所谓“共同愿景”，有异于企业一般的长短期目标，它的立意更加高远，实现过程漫长而艰难，甚至于需要几代人的不懈努力。正因如此，共同愿景对于企业发展有着更为独特和不可替代的作用。

企业的产品或者服务，不仅凝结着员工的心血与汗水，也承载着企业的共同愿景。比如，苹果公司通过改进电脑技术，提升了人们的学习能力；AT&T 通过发展全球通信业务，使得彼此间的交流更加便利；福特公司用技术压低成本的策略，帮助更多的人买得起汽车，等等。纵观世界领先的卓越企业，“共同愿景”绝非一句空话，它对企业的文化和行事作风具有深刻而久远的影响。

一个正常运转的企业必然会有新陈代谢的过程，尤其是当新员工加入的时候，如何令其迅速融入，与其他同事协调合作是管理者必须考虑的问题。除必要的磨合之外，共同愿景也甚为关键。共同愿景能从心理上带给新员工亲近感，使其产生自己也是这个大家庭中的一分子的感觉。

愿景的真正力量在于，它能激发出人们的勇气，使人们为了实现这个愿景而付出巨大的努力。相比于个人愿景，共同愿景强调的是“我们”，即企业中所有人共同持有的意象或景象。它渗透于企业各个部门中，能够对所有员工产生影响，使部门之间的合作更加协调，使个人的工作激情更加旺盛。

共同愿景最开始可能仅仅是个想法，虽然十分美好，但放眼未来，其结果仍不可知。待一群人因这个想法汇聚在一块并为之经营一段时间后，它会取得一定的成果，实现由抽象到具象的转变，在这个过程中，企业也在不断地对其进行重新评估和修正，让它更加富于时代内涵和人文情怀。唯有如此，共同愿景才会源源不断地激发出人们的潜力。

当一个企业向员工或下级单位强调其共同愿景的时候，它其实是在强调这个“共”字。一千个人眼里有一千个哈姆雷特，很难保证每个人的个人愿景与公司的共同愿景完全相符，那么，又如何体现出这个“共”呢？

人与人之间的协作离不开交流，人与组织、组织与组织之间也是一样。企业在向员工宣示它所期许的共同愿景的同时，也应该听取员工的个人愿景，一致之处再行细化，不一致之处另行协商，在彼此平等、相互尊重的基础上达成共识，使员工对公司更有认同感、归属感。对于企业领导者来说，培育这种共识的能力是不可或缺的。

如今，越来越多的人开始认识到，之所以要建立共同愿景，正是源自人们内心深处对归属于某种重要使命、事业的渴望。共同愿景在学习型组织发展过程中扮演着十分关键的角色，它使所有组织成员的学习更为专注，更有激情。没有共同愿景，组织成员的学习将是被动的、适应型的；反之，组织成员的学习将是主动的、创造型的。

可以说，没有共同愿景的组织根本不能称为学习型组织，当缺乏共同愿景提供的强大动力时，人很容易安于现状、因循守旧。愿景为人们树立了一个可以为之长期奋斗的宏伟目标，促使人们进行一系列的思考并付诸行动。

就像灯塔之于黑夜中航行的船舶一样，有了共同愿景为组织成员指明方向，即便学习时遇到各种阻力，他们也能不断朝着正确的方向前进。学习之路是崎岖坎坷的，但在共同愿景的支持下，人们能够及时发现盲点，转变传统思维模式，敢于承认个人和组织的缺陷。当人们产生想要创造某种事物的激情时，就会想方设法地克服各种困难。

人际关系理论创始人弗里茨·罗特利斯伯格（Fritz J. Roethlisberger）指出："伟大的愿景一旦出现，人们就会舍弃琐碎的事情。"没有梦想的人，很容易被层出不穷的生活琐事缠身而一事无成。

共同愿景能够培养人的责任感与探索精神。当一种策略没有效果时，我们便会调整方向、选择不同的角度，进行新的探索实践。在这个过程中，我们逐渐学会为失败的探索结果负责，进而培养出高度的责任感。

从“个人愿景”到“共同愿景”

共同愿景是个人愿景的集合体，在融合个人愿景过程中，企业将为共同愿景不断注入能量，并促使个体实现愿景。美国汉诺瓦保险公司的总经理欧白恩认为：“我的愿景对你并不重要，唯有你的愿景才能激励自己。”个人利益虽然重要，但不应是人们关注的唯一，现实生活中，个人愿景通常是结合家庭、组织、社区甚至全世界的发展情况来制定的。

真正的愿景是基于个人期望、关注点、价值观等制定的，共同愿景根植于个人愿景，应该能够体现个体诉求。然而管理者却常常忽略这一基本特性，在管理实践中意欲让组织在短时间内建立共同愿景。

当管理者想要在组织内部建立共同愿景时，应该积极鼓励组织成员发展个人愿景。当人们不存在个人愿景时，造成的后果就是一味地附和其他组织成员的愿景，在这种情况下，员工虽然顺从，但缺乏活力与创造力。而当所有组织成员都注重发展个人愿景时，整个组织将会进化为有强烈目标感的组织，整体效率将得到大幅度提升，更有利于实现个人愿景及共同愿景。

共同愿景是建立在组织成员不断自我超越的基础之上，在不断自我超越过程中，人将获得忠于真相的创造性张力。历史长河中，那些不惜以生命为代价实现崇高愿景的人，都具备这种忠于真相的创造性张力，也就是对愿景有着明确的了解，且能够主动对其进行持续性的探索。感受过创造性张力的强大能量，也使他们相信未来是可以被创造的、可以被改写的。

需要注意的是，管理者鼓励组织成员发展个人愿景过程中，不能侵犯个体自由，不能将自身个人愿景强加给他人，更不能强迫他人发展某种个人愿景。优秀的领导者善于通过鼓励组织成员分享个人愿景来进行交流沟通，这也是从个人愿景建立共同愿景最为简单有效的手段。

由个人愿景创造共同愿景遵循怎样的逻辑呢？我们可以通过全像摄影术来理解这一点。全像摄影术利用光的干射性，通过交错的光源，拍摄出三维空间图像，该图像同时包含了物体的位置与相位信息（普通摄影术拍出的照片仅包含物体的位置信息）。

全像摄影术的神奇之处在于，当我们将一个全像底片分割开来时，无论分割成多少部分，每一个部分都能显现出整个影像，显然，普通摄影术是无法做到这一点的。

类似的是，当所有组织成员都分享组织中的某个愿景时，每个人都将获得一个完整的组织图像，每个人既要为自己所属部分负责，又要对整体负责。我们知道，全像底片的每一个小片不是完全相同的，从每一个小片可以获得不同视角下的整体影像，也就是说，组织成员的整体愿景存在一定差异，因为不同组织成员认识整体愿景的视角存在一定差异。

当我们对全像底片的小片进行组合时，整体影像不会发生明显变化，因为每一个小片都包含了整体图像，但图像的清晰度、真实度却会得到明显提升。尽管在本质方面不会出现太大区别，但越多的组织成员愿意分享共同愿景，愿景的形象性、真实性就越高，组织成员对愿景的期待也会随之提升。

最初，组织成员发展个人愿景时，可能会简单地从“自己的愿景”角度上思考，但组织内部形成共同愿景后，就会升级为“这是我的愿景也是大家的愿景”。从企业视角来看，想要从个人愿景创造共同愿景，必须重点解决三个问题：

（1）追寻什么？追寻共同愿景，所有组织成员携手创造某种预期的未来景象。

（2）为何追寻？企业的使命，比如，践行科技让生活更美好，改变世界等。

（3）如何追寻？所有组织成员要严格遵循的核心价值观，是组织成员行为与决策的依据和准则，比如：正直、诚信、精简、平等、自由、不作恶等。

◆建立企业共同愿景的七大策略

学习型组织之父、当代最杰出的新管理大师之一 彼得·圣吉（Peter M. Senge）博士为我们分享了七种建立企业共同愿景的有效策略（见图 3－1）：

（1）长期鼓励组织成员发展个人愿景。这是由个人愿景与共同愿景的从属关系决定的，共同愿景是个人愿景的集合体，在不断汇集个人愿景的过程中，共同愿景将获得更多的实现动力。

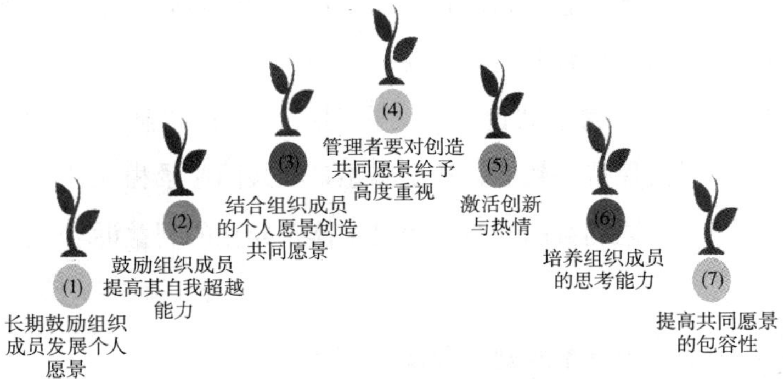

图3－1　建立企业共同愿景的有效策略

（2）鼓励组织成员提高其自我超越能力。不断自我超越是组织成员实现个人愿景的关键，也是建立共同愿景的重要基础。

（3）结合组织成员的个人愿景创造共同愿景。通过鼓励组织成员发展个人愿景，使所有组织成员成为共同创造者，使共同愿景能够体现组织成员的整体意愿，对碎片化的个人愿景进行糅合提炼，形成组织成员共同的目标。

（4）管理者要对创造共同愿景给予高度重视，将其视为值得奋斗一生的长期工作。共同愿景保持一定稳定性的同时，又需要根据内外部变化不断更新，这种情况下，组织的共同愿景才能展现出较强的活力与生命力。在管理实践中，高层管理者在和组织成员分享个人愿景的同时，也要鼓励后者分享其个人愿景，逐渐将所有组织成员的梦想和期望转化为组织的共同愿景。

（5）激活创新与热情。让组织成员从被动接受者转变为主动创造者，以更高的热情投入到建设并实现组织共同愿景的过程之中。

（6）培养组织成员的思考能力。引导组织成员转变思维模式，积极学习新技术、新理念、新模式，消除发展中的阻碍，认识到创造共同愿景的重要价值，培育共同价值观。

（7）提高共同愿景的包容性。在创造组织共同愿景时，要认识到个体愿景是无法保持一致的，让个体愿景和共同愿景相互补充、相互完善，追求组织共同利益的同时，满足个体差异化的利益诉求。

◆建立共同愿景的基本原则（见图3－2）

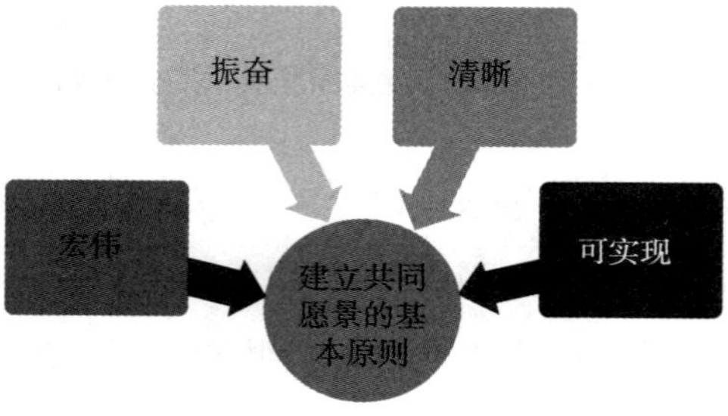

图3－2 建立共同愿景的基本原则

（1）宏伟

一个愿景若是平平无奇，怕是无法起到激励人心的作用。它必须要从宏观方面做长期规划，想人之不敢想，为人之不敢为，力求争先，做企业中的领导者。

许多人一直在追寻某种人生意义，但这种人生意义却无法依靠个人的力量来实现。企业的存在为这些人提供了一个平台，它能助他们与有着同样理想的人凝神聚力，集思广益，向以一人之力看起来遥不可及的伟大理想一步步迈进，既实现了企业的共同愿景，又使得个人价值得到体现。

（2）振奋

描绘愿景的语言要能够振奋人心、提振士气，有强大的感染力。人是理性的，也是感性的，用富有感染力的语言能够激发组织成员的热情，在无形之中影响其决策与行为，让他们为了实现共同愿景而奋斗。

（3）清晰

愿景的另一要求是清晰、明确。空喊口号、不切实际的愿景非但不能起到激励作用，反而给人一种不踏实感，让人看不到企业未来的方向在哪里，个人价值的实现更是无从谈起。

譬如，福特公司的“使汽车大众化”就十分明确地表达了它的愿景。用亨利·福特本人说过的一段话来对它进行阐释再合适不过了：“我希望日后，汽车是属于普通百姓的，它的价格非常低廉，不至于有人因薪水不高而无法购买得起，到时人人都可以和家人驰骋于上帝赐予的广阔无垠的大自然里，度过美好的时光。”

（4）可实现

我们要求愿景要宏伟，是建立在一定的事实基础上的，比如现有的科技水平、人类的体能极限等，它并不是随意制定的，而是要具有可行性。科技在不断进步，许多现有的科技产品放至若干年前是无法想象的，强调可行性并不是要扼杀人们的想象力，而是要兼顾一定的时代背景。

事实上，很多人内心深处存在追求真善美、完成宏伟目标的意愿，如果工作不能满足组织成员的这种追求，他们普遍会在兴趣爱好方面花费更多的时间与精力来寻求满足。诸多实践案例证明，仅对任务或目的进行简单描述，能够发挥的作用是相当有限的，想要更好地激励组织成员，必须通过共同的愿景使任务或目的形象化、具体化，让组织成员认识到共同愿景是可以通过携手努力将其实现的，而不是不切实际的幻想。

愿景型领导的十项修炼

“愿景型领导”（Visionary Leadership）或者说是“愿景领导”一词由美国管理学家伯特·纳努斯（Burt Nanus）提出，他指出，愿景领导是一种能够描绘组织可靠的、真实的、最具吸引力的未来，为组织所有目标指明方向，使组织更成功、更美好。愿景规划是愿景型领导工作的一项重要内容，愿景规划不是假大空，而是结合实际情况，制订具备较高可行性的方案，为了做好愿景规划，领导者需要做好以下几点：

（1）把握行业竞争要素；

（2）能够为组织绘制蓝图并向组织成员、投资方、合作伙伴、公众等描绘愿景；

（3）善于整合内外部资源，并引导管理者协同配合，实现共赢；

（4）把控全局、主次分明。

◆企业经营境界与愿景规划密切相关

导致一家企业陷入困境的因素是多方面的，比如，有的企业因为沟通不畅导致错失重大机遇；有的企业因为重大战略决策失误导致市场份额极度萎缩；有的企业因为盲目转型导致资金链断裂；有的企业因为管理混乱导致人才流失，难以建立核心竞争力；有的企业因为政策执行不到位只能看着竞争对手做大做强将自己收购等，分析这些因素的本质几乎都可以将原因归结为领导者的领导力不足。

而那些实现可持续增长的百年企业大多存在善于进行战略规划尤其是愿景规划的领导者，IBM、华为、阿里等皆是如此。如果我们将企业愿景规划视为思考层面的内容，那么，经营境界则是行动达成的结果，显然，深思熟虑行动和盲目行动造成的结果是存在明显差异的，企业能够达成何种经营境界受企业愿景规划的直接影响。

◆愿景规划促进企业经营境界的提升

领导者通过愿景规划来提高企业经营境界的思路是利用愿景规划来增强企业内功，规避风险，充分识别并把握发展机遇，灵活应对各种挑战。具体而言，领导者必须做好以下几个方面：

（1）充分结合实际情况，并考虑战略目标，这要求领导者不能空想、主观臆断，而要和员工进行深入交流或者到一线市场了解实际情况。

（2）有大局观，能够把握时代潮流与趋势，识势、借势甚至造势，在注重流程规范的同时，也要敢于创新，打破常规。

（3）不断自我修炼，形成一套系统的经营体系。这要求领导者善于思考、总结、借鉴，能够透过表象发现本质，将经验转化为思想、理念；向优秀的企业领导者学习，并在实践中自我检验，反思总结；树立终身学习的理念，与时俱进，不断革新自己的知识与技能。

（4）专注。坚定执着是成就一番伟大事业的重要品质，不能因为结果不理想就中途放弃，领导者可以调整具体策略、方式方法等，但整体方向和宏观战略决不能轻易调整，否则很容易动摇军心，影响组织稳定性。

（5）持续为企业构建核心竞争力，尽可能地获取战略资源。

（6）自我超越。自我超越既是实现更高自我价值的有效手段，也迎合了人对物质之外的更高层次的情感与精神的需求。实现自我超越并非是一件简单的事情，而且企业领导者位高权重，难以获得他人提供的客观、真实的意见和建议，更多地需要自我努力，在实践过程中，领导者可以结合 KSAIBs 模型来不断自我超越，其中 K 对应着 Knowledge（知识），S 对应着 Skills（技能），A 对应着 Abilities（能力），I 对应着 Intervening variables（中介变量，也就是动机 + 态度），B 对应着 Behavior（行为），最后的 s 是表现一种复数形式，也就是知识、技能、能力等是多元化的，没有实际意义。

（7）改变心智模式。不断思考，提高自身对事物的认知能力，分析各种思维是如何影响人的行为与决策的。领导者可以采用两种技巧：

★分析自身跳跃式思维的案例，也就是分析自己从表面观察跳跃至概括性结论时的想法、逻辑，这需要领导者对自己得出结论依据的原始资料进行客观分析。

★针对性地练习左右手栏。左右手栏是指针对一次不满意的沟通，将实际说的话写在纸的右边，而将那些自己想说但没说出的话写在左边，通过对比来了解自己的心智模式，并逐步改善。

（8）进行系统思考。系统思考要求我们以整体的思维对复杂系统构成组件之间的连接进行研究分析，它能让领导者更好地了解如何提高系统效率，如何让行为和环境更为和谐。由于系统各个组件存在错综复杂的联系，从单一组件来审视系统，是根本不能得到正确结果的。

（9）开放、包容、追求卓越。领导者要正确认识自己和下级的关系、和竞争对手的关系、和用户的关系等，21 世纪的竞争已经不再是零和博弈，而是互利共赢，共同做大市场蛋糕，获得更高的利润。

（10）加强企业文化建设。领导者对企业文化建设有着深远影响，其个人言行举止会影响员工的工作表现，企业规章制度也大多和领导者的个人偏好存在直接关联，所以，领导者需要严格要求自己，建立积极、正向、有利于组织稳定发展的企业文化，为企业的可持续增长提供强大推力。

五步制定企业使命、愿景和价值观

在企业管理中，使命、愿景、价值观是非常重要的内容，它们集中体现了创始人的创业初心，是企业在发展过程中累积优势形成的文化，是团队在磨合过程中形成的理念与思维。

使命、愿景、价值观的制定过程，其实是对企业理念、思想、优势、文化进行整合的过程。通过整合提炼出一个被人们接受的、打动人心的、清楚明白的内容，通过宣传引导让其演变成所有企业员工共同遵循的原则。

企业可以通过以下五个步骤，来制定使命、愿景、价值观（见图3－3）。

◆外部信息收集阶段

收集外部信息是制定企业使命、愿景、价值观的第一步。企业的发展深受外部市场环境的影响，企业战略不同，企业的使命与价值观也会存在很大差异。在此阶段，企业需要收集以下信息：

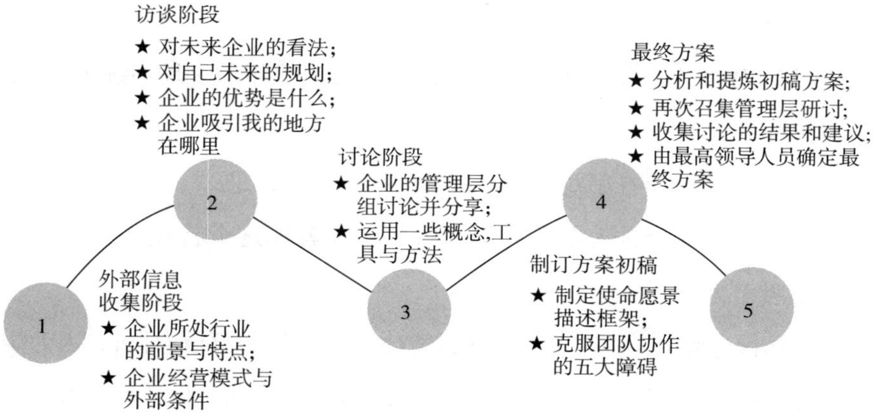

图 3－3　制定企业使命、愿景和价值观的五个步骤

（1）企业所处行业的前景与特点

具体来说，就是企业所处行业的最大范围有多大，企业能覆盖的范围又有多大；要对市场容量进行预估，明确驱动市场发展的因素是政策导向、政治因素，还是其他社会因素；发现可能对企业所处行业发展造成影响的因素。

（2）企业经营模式与外部条件

首先，要明确企业所处行业的特点及目标客户，企业生产的产品与服务有哪些特点，企业的目标客户在哪里。其次，要对行业中的其他企业进行分析，哪些企业是龙头企业，哪些企业的规模比较大、影响力比较大，等等。

◆访谈阶段

访谈阶段可以和外部信息收集阶段同时进行，和企业所有人、中高层管理者、核心骨干以一对一、面对面的方式进行交谈，谈话内容如下：

（1）对企业未来有什么看法，比如希望 5 年后、10 年后企业取得怎样的成绩；

（2）对自己的未来有什么规划，比如希望5年后、10年后的自己取得怎样的成绩；

（3）认为企业有哪些优势，有哪些地方需要改进；

（4）为什么会进入企业或这个行业，或者说这个行业、这个企业有什么吸引力。

在访谈过程中，访谈者不要对访谈对象的言论做出任何评价，因为访谈的目的只是收集信息，同时要鼓励访谈对象畅所欲言，以保证获取信息的真实性。另外，访谈者要对访谈节奏与方向进行有效把控，以免跑题。

在所有访谈对象中，企业中高层管理者的言论更有价值。因为他们是企业的核心管理人员，在很大程度上影响着企业未来的发展。团队行为在很大程度上受高管团队性格的影响，而不同的行为风格又会催生不同的价值观。所以，访谈者可以针对高管人员开展一些性格测试，比如DISC测评、MBTI测评，等等，根据测评结果分析团队的行为风格。需要注意，访谈者不能将收集到的原始信息公布出来，所有的信息都要经过整理才能公布，而且不能提及访谈对象的姓名。

这种一对一、面对面的访谈，需要访谈者具备较高的业务能力。如果访谈者是企业内部人员，在访谈之前最好进行统一培训。一般来说，企业内部访谈会交给HR部门主导，但这样做的效果较差。所以，为保证访谈效果，企业最好从外部聘请专业的访谈者。

◆讨论阶段

这个阶段需要企业所有管理者参与，它是管理者思想相互碰撞的一个阶段。在此阶段，企业所有人、中高层管理者、核心骨干被随机分组，围绕企业的优势、使命、梦想等内容进行讨论，相互交流、相互分享。在讨论过程中，不能对发言者进行对与错的评判，要做好引导，鼓励与会者积极发言。讨论阶段仍要做好信息收集，为日后的方案整理提供依据。

在讨论开始前，可以先介绍一些概念与工具，比如什么是公司愿景与使命，等等。还可以使用一些方法，比如头脑风暴法，用一句话对未来的愿景与使命进行概述，将设想的公司未来的情景用一幅画描述出来，将自己对未来的想象写成一封信，等等。

◆制订方案初稿

根据前三个阶段收集的信息，这个阶段可以开始制定企业愿景、使命、价值观了。在此阶段，企业可以使用两种工具，一是使命愿景描述框架；二是克服团队协作的五大障碍。

通过使命愿景描述框架，可以将使命愿景提炼出来。简单来说，企业的使命愿景就是企业所有员工在所处领域通过什么方法完成什么事情，达到怎样的理想局面。一般来说，使命描述的是梦想，愿景描述的是结果。使命愿景的表述必须简短有力，让人记忆深刻。价值观描述的是企业所有员工都要遵循的行为准则。价值观的表述同样要简短凝练，便于记忆，最好是几个词语或短句。

将前面三个阶段收集的信息填入使命愿景信息收集表，生成企业使命、愿景、价值观的初稿（见图 3 -4）。

接着，相关人员要对研讨阶段与会人员提出的使命愿景进行仔细分析，找到与表格内容相契合的语句，将其作为描述使命愿景的备选。如果没有契合表格内容的语句，相关人员要提炼出几个句子作为备选。

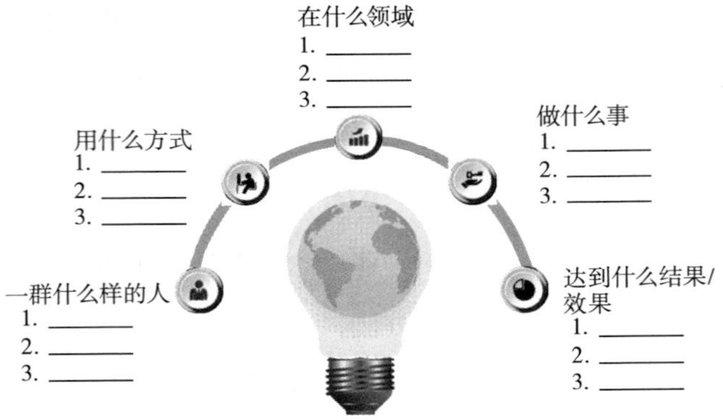

图 3-4 使命愿景信息收集表

团队协作的五大障碍指的是团队成员缺乏信任、惧怕冲突、欠缺投入、逃避责任、无视结果。

访谈阶段与研讨阶段获取了很多信息，提取这些信息中积极正面的关键词，从中选择 8～10 个提及频率最高的词汇，与团队协作的五大障碍相对应，将能克服这些障碍的词汇填写到对应区域，比如“结果、协作”能克服“无视结果”这一障碍，就将其填入该区域。将这些词语和中高层表达的信息相结合进行提炼、总结，将频频被提及的词语所表达的行为与企业的价值观相融，从而形成初步的价值观方案（见图 3-5、图 3-6）。

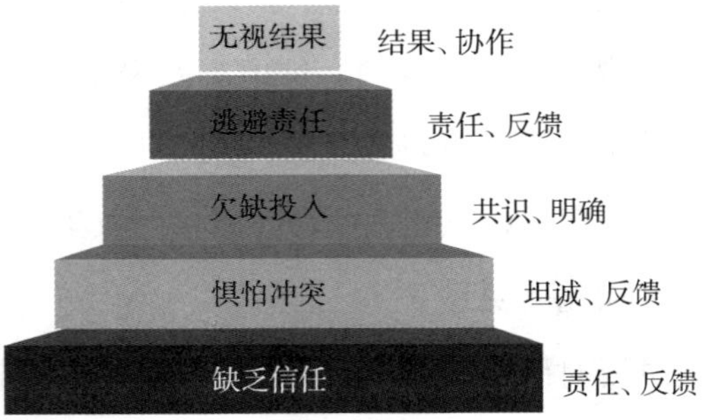

图 3-5 克服五大障碍的关键行为

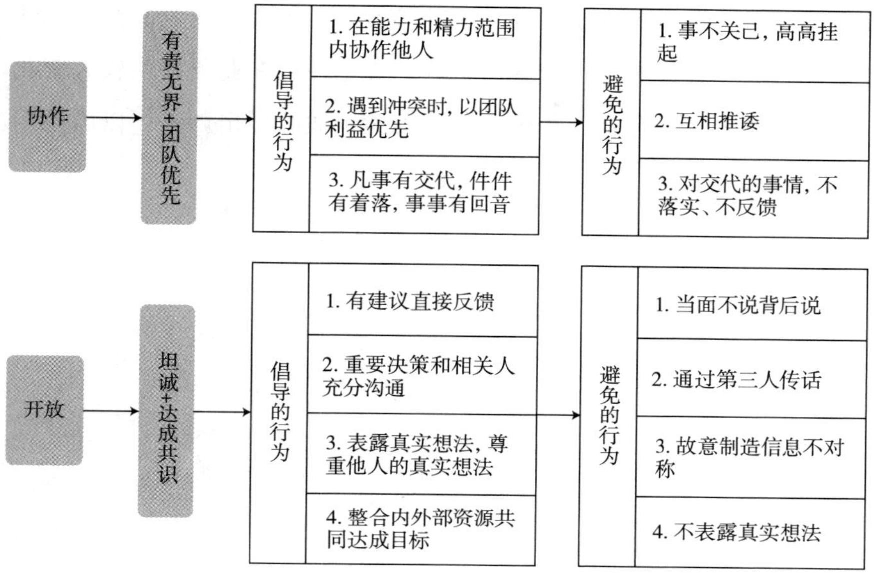

图 3-6　价值观描述框架

◆最终方案

制订方案在初稿阶段已经做了分析和提炼，形成了几套关于企业使命、愿景、价值观的方案。最终方案制订阶段的任务就是再次召集企业所有人和中高层管理者，对这几套方案进行研究、讨论。在讨论过程中，首先要对方案制定思路与表达的内涵做出明确阐释。整个过程可能要经历多轮讨论、收集讨论结果与建议、修改初稿、最终定稿，将这个最终方案作为企业的使命、愿景、价值观，在将来的运作中照章执行。

通过上述 5 个步骤可制定出企业在未来一段时间内奉行的愿景、使命、价值观，因为有企业最高领导和中高层管理者的参与，所以落地执行的难度会小很多。需要注意的是，随着企业不断发展，企业的愿景、使命、价值观也会发生一定的改变。一般来看，3 年后，企业的愿景、使命、价值观会发生一些小变化；5 年后，企业的愿景、使命、价值观会发生较大的改变，企业需要定期或在业务发生较大变化时对企业的愿景、使命、价值观进行检验，适时做出调整，以满足当前的环境需要。

创建由价值观驱动的公司

企业价值观体系由哪些因素构成，如何为企业打造一个系统完善的价值观体系等，是推进企业文化建设过程中需要考虑的重要问题。

◆企业价值观体系的架构

很多国内外学者将企业价值观体系归属为企业文化的范畴，认为它是企业文化的核心，甚至认为企业价值观体系就是企业文化，比如，哈佛商学院的知名教授科特与赫斯科特将企业价值体系定义为企业文化。事实上，一些企业在设计理念体系时，运用的服务理念、人才理念等词汇，也是企业价值观的表现形式之一。

国内很多人在描述价值观时，通常会使用价值观念、价值理念来取代价值观，用企业共享价值观取代企业核心价值观等。不容否认的是，企业不同层级、部门通常存在不同形式的子文化，这些子文化代表了不同的价值观，而那些可以得到组织所有层级与部门认可的价值观，就是企业共享价值观。当我们将企业共享价值观看作一种变量，也就是组织成员对共享价值观的认同程度存在差异时，通过衡量组织成员对企业价值观的认同程度，可以反映出企业价值观体系的强弱。

当大部分组织成员对企业价值观有较高的认可度时，我们可以说该企业具备“强势文化”，其他情况则属于“弱势文化”。在此，我们将企业价值观体系分为核心价值观体系和一般价值观体系。

企业使命与核心价值观构成核心价值观体系，企业的其他价值观则属于一般价值观体系的范畴。杰里·波拉斯（Jerry Porras）和吉姆·柯林斯（Jim Collins）在《基业长青》一书中指出，企业使命和核心价值观是一种比财务追求更高级别的追求，很多企业家早已实现财务自由，但仍在企业使命和核心价值观的驱动下努力奋斗。从这一角度上，那些具体的商业目标与战略规划不应该被划分为核心价值观的范畴，因为它们往往以盈利为主要目的。

国内描述一家企业拥有优良的企业文化时，通常从企业精神、人才理念、经营理念、管理原则、愿景、使命、宗旨等多种视角来展开，这比日本、美国等要复杂得多。此外，国内对企业精神、价值核心、核心价值理念等词汇和企业核心价值观的界定也较为模糊。

事实上，20 世纪 50 年代后，我国国有企业对企业精神的建设十分重视，出现了艰苦创业、民主意识、主人翁精神等多种优秀的企业精神，激励了很多青年志士为新中国的发展而奋斗，只不过后来因为错误意识形态的影响，阻碍了这些优秀企业精神的传承与发扬，所以，中国企业没必要在企业文化与价值观体系建设方面自我怀疑、自我否定，中华文化源远流长，中国企业也有企业文化与价值观建设的经验，我们是有能力做好这方面的工作的。

◆企业价值观体系的要素

国内外学术界从多个层次对企业价值观进行了广泛研究，而研究成果最为系统丰富的，当属个人层次的企业价值观。虽然影响企业核心价值观形成的因素是多方面的，但企业创始人的个人价值观无疑是最主要的因素，所以，我们可以将企业核心价值观的形成看作个人层次与组织层次价值相互碰撞融合的过程。

那么企业价值观是由哪些要素组成的呢？麻省理工学院斯隆商学院教授埃德加·沙因（Edgar H. Schein）将企业价值观分为“外部适应”企业价值观和“内部整合”企业价值观两大部分：

（1）“外部适应”企业价值观可以被细分为以下几种类型：

★顾客因素，该类价值观对服务类企业尤为关键，“服务大众”“造福亿万民众”等企业价值观是典型代表。

★国家因素，比如，“科技兴国”“实业强国”等。

★社区因素，这类价值观在美国企业中较为常见，很多企业家成功后也首先想到的是回报社区，主要因素在于美国人刚从欧洲移民过来后，小型社区成员之间的互助发展起到了十分关键的作用，逐渐在美国内部形成了较为浓郁的社区文化，和“社区”这一词汇相比，中国企业更倾向于使用“社会”，比如，“回报社会”“造福社会”等。

★和竞争对手之间的关系，比如，“良性竞争，共同做大市场蛋糕”等。

★和供应链上下游企业之间的关系，比如，“协同发展，共谋未来”等。

★和大自然之间的关系，比如，“绿色发展”“构建可持续生态”“和谐发展”等。

（2）“内部整合”企业价值观可以被细分为以下几种类型：

★个人道德与综合素质因素，比如，“诚信”“正直”“务实”“平等”“公正”等，被企业广泛采用。

★个人能力因素，比如，“成为全面发展的复合型人才”“成为国际性人才”等。

★组织成员之间的关系（上下级关系、同事关系、新老员工关系、男女同事关系等）因素，比如，“友爱”“互助”“以人为本”“彼此尊重”“人人平等”等。

★个人和团队及组织之间的关系因素，比如，“团队合作”“实现个人利益和组织利益统一”等。

★团队与团队、部门与部门、子公司与子公司等之间的关系因素，比如，“在竞争中双赢”等。

★组织成员生产经营活动因素，比如，“质量第一”“风险意识”“责任意识”“服务意识”“敢于创新”等，和个人道德与综合素质因素类似，这些因素也被企业广泛采用。

★重大事项决策因素，比如，“充分协商”“合理授权”等。通常来说，企业规模越大，发展历史越长，企业价值观体系涵盖的因素也越发多元。

HOW 时代的新型价值观体系

某管理咨询机构针对我国民营企业的寿命做过一项调查，结果发现：民营企业对 GDP 的贡献超过 50%，吸纳就业人口超过 75%，但其平均寿命却不足 3 年，其中还包括很多以团队为单位的中小企业。面对这一现象，越来越多的人开始思考：年轻的中小企业究竟怎样才能在恶劣的市场环境中生存、发展？怎样才能提升团队的核心竞争力，与综合实力强大的跨国企业竞争？

一直以来，管理者们都将目光放在“什么是企业的核心竞争力?”“如何提升企业的核心竞争力”等问题上。有人认为管理模式是企业的核心竞争力，有人认为管理者的个人领导力是企业的核心竞争力，观点五花八门。但无论如何，这样的讨论产生了一定的积极作用，即让管理者对“管理”产生了更深入的了解与认知。在我看来，大型的集团企业也好，小型的以团队为单位的中小企业也罢，企业的核心价值观才是企业的核心竞争力。

企业价值观或称团队价值观就是企业员工与团队成员追求目标，力争实现目标的基本信念，对团队经营运作的根本认知，是团队制度、文化、战略的基础。著名经济学家吴敬琏曾提出“理念优先于制度，制度重于技术”的理念，这一理念得到了很多专家学者的认同。对于一个企业、一个团队来说，所有的理念、制度、技术都要建立在团队价值观的基础之上，技术表现出来的竞争优势就是团队核心价值观的产物。

所以，一个团队只有具备正确的价值观，并以该价值观为核心形成团队文化，才能充分发挥团队的核心竞争力。但目前，根据调查研究，我国大多数中小企业都没有形成科学、系统、完善的核心价值体系，其核心价值体系都或多或少地存在一些问题，比如，过度追求利润最大化，甚至可以为企业利益牺牲员工利益、客户利益乃至社会利益；自上而下的金字塔结构过于臃肿，导致组织运行效率较低；管理者官僚作风严重，降低了企业员工工作的积极性、主动性；团队管理盛行“英雄主义崇拜”，员工之间无法开展有效协作；管理者隐藏企业的运营状况与经营业绩，企业的管理制度不透明等等。

在企业日常运营过程中，很多管理者都非常注重培养、建设团队文化，但效果始终不好。究其原因，应该是团队核心价值体系缺失。如果一个团队缺乏强有力的价值体系，就很难形成优秀的团队文化。

对于大多数中小企业来说，很多时候，团队的价值体系是由管理者的思维观念决定的，甚至很多时候，管理者的价值观就是企业的价值观。这类企业的寿命往往非常短，即便有的企业成功度过创业初期，进入快速发展阶段，也是依靠企业主持有的丰富资源及企业主的个人努力实现的。从这方面来讲，这应该是企业主个人的成功，而不是企业的成功。

随着企业不断发展，组织管理要求越来越多，企业主个人的资源与努力无法再继续推动企业前进。为避免这种情况发生，企业管理者应该在企业处在“团队状态”时就开始培养、构建新型价值体系，为企业的健康运营、持续发展提供强有力的支持与保障。

全球著名的管理哲学大师多弗·塞德曼（Dov Seidman）提出了“HOW 时代”这一管理概念，并在《HOW 时代》一书中指出：“信息技术给我们所处的时代平添了各种可能性，商业管理也变得越来越公开透明，这意味着商业管理者将迎来全新的‘HOW 时代’。在 HOW 时代，管理者们不应该只注重组织的短期利益，而忽视组织的长远发展。”

对国内企业的管理现状进行分析可以发现，大多数企业管理者仍在使用 19 世纪工业时代流行的 WHAT 管理价值体系，将所有的注意力都放在了企业运营效率、经营盈亏方面。管理者向员工传达的信息十分明确：只要在法律法规允许的范围内，为了取得令人满意的结果，员工可采用各种方法开展工作。于是，企业员工养成了只注重结果（WHAT），不注重方式方法（HOW）的工作理念与习惯。

这种价值体系固然能在短期内帮企业获得不菲的利益，却不利于企业的长远发展。现如今，商业环境瞬息万变，企业不能再一味地遵守规则，不能再使用过去那种曾给企业带来高利润的管理模式，传统的价值体系早已无法满足现代管理需求。

多弗·塞德曼认为，在 HOW 时代，所有企业员工不仅要“放手去做”“正确地做”，而且要做到“能够做”“应该做”。

作为全球最大的技术与服务提供商，通用电气（GE）在全球赫赫有名。通用电气涉及的业务领域极广，该公司在北卡罗莱纳州的达拉谟（Durham）建造了一个飞行器发动机生产基地，主要研发生产世界上最先进的飞机引擎。GE这个生产基地不仅以产品闻名，还以其特殊的运营模式吸引了世界各地的企业家、管理者的目光。GE达拉谟中心有200多名员工，对于拥有315000名员工的GE来说，达拉谟中心只是一个小团队。

在这200多名员工中，除十几名后勤职员外，其余的员工都是管理人员、研发人员、生产人员，达拉谟中心划分成了很多项目组，每组成员20人左右，这些项目组相互协作完成所有的研发生产活动。对于达拉谟中心，GE总部管理者的要求就是按时交货，其余一切事务都由小组成员讨论决定。

达拉谟中心每个项目组都有一个董事会成员，该成员是由小组成员共同推举出来的，主要负责解决人力资源、技能培训、质量检测、生产研发、产品供销等方面的问题。有人认为，达拉谟中心一定推行了员工持股制度，通过股权激励、金钱激励调动员工工作的积极性。或者，达拉谟中心制定了某种分红方案，刺激员工努力工作，否则达拉谟中心的工作人员不可能保持如此高的工作积极性，想方设法提升产品质量，降低产品生产成本。

事实上，达拉谟中心既没有推行员工持股制度，也没有制定员工分红方案。达拉谟中心根据员工技能及其接受培训时间的长短将员工薪酬划分为三个等级，分别是技术一级、技术二级、技术三级。员工要想涨薪只能接受更多培训，掌握更多专业技能。

在这种价值体系下，达拉谟中心的每名员工都掌握了多种技能，可以在一个项目小组中胜任不同岗位的工作，所以项目小组的生产管理极少出现技术纰漏。比如，一名技术人员要享受带薪休假，其他员工可以很快接手他的工作。与其他公司管理结构的不同之处在于，达拉谟中心没有设置“中层管理者”一职，至于工作安排、产品供销、生产研发、订单管理等事宜由员工全权处置，员工可根据自己的工作需要自行安排。在这种管理机制下，员工工作的积极性达到了顶峰。

在 GE 庞大的行政管理系统中，达拉谟中心这种通过划分项目组、注重团队分工协作、鼓励团队成员自我管理的核心价值体系，和在该体系的基础上形成的团队自我管理机制备受瞩目。同时，正是在这种团队成员共有的价值理念与长远目标的基础上，达拉谟中心形成了独具魅力的团队文化。正如达拉谟中心的一名高管所说："团队成员并不仅仅掌握了世界上最先进的技术，而且具有超强的独立思考能力，他们给达拉谟中心赋予了灵魂，他们所体现出的价值才是真正的人类价值。"

GE 达拉谟中心成功的关键在于其扁平化的组织结构，除此之外，GE 达拉谟中心还创造了一个公开透明的团队运行环境，员工之间可以相互沟通、密切协作，员工个人还能实现自我管理，而这一切的根源在于 HOW 价值体系——这种达拉谟中心团队内部形成的新型核心价值体系。

在 HOW 价值体系下，不仅团队管理与运作要按照 HOW 价值体系进行，团队文化的形成也要以 HOW 价值体系为基础。这种核心价值体系将所有团队成员连接在一起，让他们可以相互沟通、相互协作。从这方面看，这种核心价值体系很像电脑的操作系统，但又与电脑系统不同，因为它不能仅利用特定的指令进行管控，就像管理者不能只利用行政管理制度实现团队文化革新一样。

在一个团队中，HOW 价值体系具有非常顽强的生命力，可以随着时间流逝不断演进。从这个角度来看，在团队管理中，HOW 价值体系就像一个健康的生态系统，能够打造一个关系复杂但联系紧密的团队，增强团队成员的凝聚力、协作力。

企业或团队的行事风格深受组织核心价值体系的影响。一个团队能否很好地应对激烈的市场竞争，在市场竞争过程中占据优势地位，团队成员能否采取有效措施应对各种问题与挑战，关键在于核心机制体系是否先进、科学、正确。“性格决定命运”，同样，团队的价值观也决定着一个团队的命运。所以，团队管理者要积极创建新型的核心价值体系，以保证团队可以在市场竞争中获得优势。

CHAPTER 4
制定战略：让目标驱动战略落地

目标管理：战略落地的关键

制定战略目标的“六部曲”

基于“SMART”原则的目标管理

制定有效的行动计划

从目标管理迈向过程管理

目标管理：战略落地的关键

在进行战略制定时，要确立企业的长期发展目标、短期发展目标，并对企业的发展方向进行明确的定位，将目标实现过程进行阶段性划分，选择恰当的方法。企业建立之初就应该进行战略规划，但很多企业在发展早期都忽视了这个问题。等到企业发展到一定的阶段，就要依据相关规定进行战略制定，在明确目标的基础上取得更加长远的发展。

企业在制定目标时，要保证目标的合理性，目标不能过低，要有足够的挑战性，也不能过高，要在可以实现的范围内。企业在发展初期对市场情况的了解比较有限，战略目标通常比较模糊，但要决定企业的整体发展方向。在对市场情况缺乏认识的时候进行目标制定，如果目标实现难度太大，会导致员工产生负面情绪。所以说，企业在制定发展目标之前，应该对市场情况进行系统而全面的把握，还要深入了解自身的实际情况，综合两方面的因素确立企业的发展目标。

◆“目标管理”的概念与内涵

被誉为“现代管理学之父”的彼得·德鲁克（Peter F. Drucker）是“目标管理”概念的提出者，在20世纪中期提出这个概念之后，德鲁克又对这个理论进行了补充与完善，最终形成“目标管理和自我控制”理论。很多人认为，先有工作，才会有目标，但依据德鲁克的观点，要按照目标来进行工作分配。企业要通过实现目标，来完成自身的使命，否则，企业的工作无法落到实处。

何为“目标管理”？即企业在设立目标与追求目标实现的过程中所采取的管理行为，在这个过程中，企业会遵循系统工程原理，通过对员工进行激励来发挥其优势并调动其积极性，进行目标制定、执行、核查及处理。

也就是说，企业实施目标管理的流程及具体完成的任务，即为企业实施目标管理的过程，在这个过程中，企业会采取一系列措施与行动来制定目标并最终达到这个目标。

目标管理是企业在思维层面开展的一种程序，这种思维体现在企业的战略管理过程中。通过进行目标管理，企业的各级管理者都能够参与到目标制定过程中，会以企业使命为参考进行整体目标的确立，并在此基础上确立各个层级要实现的目标及需要完成的任务，根据各个部门及个体的目标完成情况实施激励。

目标管理思维的出现，标志着现代管理学的发展进入到新的时期，这种思维方式打破了管理学思想与管理学模式之间的界限。在实践过程中，管理人员要以目标为依据实施管理行为，在企业建立了整体目标之后，要根据不同部门的职责进行合理的目标分解，在实施考核时，为顺利达到目标的员工提供奖励，对未完成目标者进行惩罚。

目标管理思维诞生后，最先在美国得到普遍应用。此时，已经从第二次世界大战中恢复过来的西方经济呈现出蓬勃发展之势，众多企业为了积累自身的实力，都在积极寻找新的管理方式，目标管理刚好满足了这些企业的需求，因此受到了诸多企业的追捧，并迅速流传到西欧、日本等国。虽然在形式方面存在一定的区别，但不同企业实施的目标管理在内容方面可谓是大同小异。

与之前不同，如今国内不同企业之间是一种动态竞争关系，企业只有做好战略管理方面的准备，才能够体现出自身的竞争优势。战略问题事关企业未来的发展方向，是企业在宏观层面进行的规划布局，内容包括明确企业肩负的使命、确立企业发展的目标、选择企业参与竞争的方式、处理企业发展与环境之间的关系等。

伴随着经济全球化进程的加快，以及知识经济在市场上的迅速崛起，企业要想从容应对瞬息万变的外部环境，就要注重战略的制定。现如今，作为世界贸易组织的成员之一，中国选择以战略联盟方式参与到国际竞争中，在这种大背景下，国内企业应该积极走向国际市场，在实现资源整合的基础上进一步开拓市场，力求从众多竞争者中脱颖而出。

◆从制定目标到战略落地（见图4－1）

（1）从战略制定到战略目标。确定经营战略是企业要优先考虑的事情，只有进行了战略布局，企业才能获得发展。进行目标管理的第一步就是制定目标，即企业要以战略为核心进行目标定位。制定了战略后，企业的经营发展仍然停留在设想层面上，仅仅是一种计划，只有确立具体的目标，才有可能将这种计划变成现实。

（2）从战略计划到目标责任。制订计划之后，要指定计划执行者，

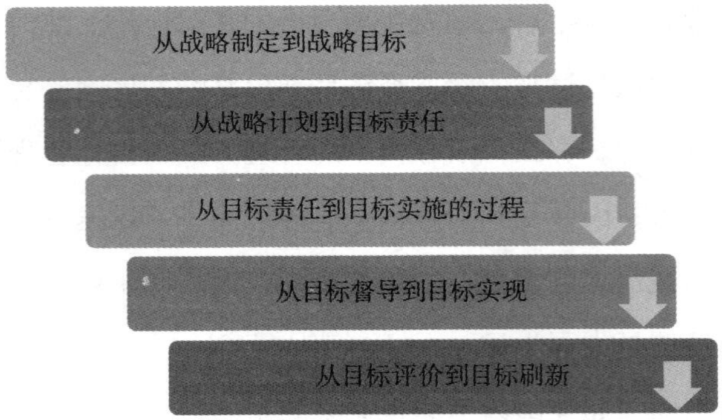

图 4－1　从制定目标到战略落地

并确定好目标责任人，保证计划的切实执行。在计划实施期间，目标责任与目标责任人的确定是最核心的问题。管理者要根据目标责任来评估目标的完成情况，对目标责任人进行奖惩。完善的责任体系能够为计划的实施提供必要的支持。

（3）从目标责任到目标实施的过程。进行责任分配之后，接下来要做的就是实施目标。在这个环节需要重点强调的是，为了促成目标的实现，企业管理者应该对责任内容进行量化处理，将其细分为更加具体的目标，这些目标要具备可行性，且能够对其完成情况进行评估，目标本身要足够具体，在责任人能够达到的范围之内，还要规定目标完成的具体时间。

（4）从目标督导到目标实现。以专业为标准来划分，企业目标包括：生产目标、营销目标、技术目标、管理目标等；以时间为标准来划分，企业目标包括：长期目标、短期目标、中期目标、愿景目标等。

（5）从目标评价到目标刷新。在进行目标管理的过程中，应该将对上一个目标完成情况的评价，作为后续目标管理的基础。在分析目标成果的基础上，建立新的可行性目标，促进组织的持续性发展。

制定战略目标的“六部曲”

战略事关企业的发展方向。战略管理涉及企业愿景、企业使命的建立，以及企业战略目标的制定，还要求企业提前做好目标执行与阶段性目标的划分工作，通过发挥自身的力量来推进战略的实施与目标的完成，在具体执行过程中对其实现进度进行监管，并根据实际情况及企业的发展需求在必要时做出有效的调整。

美国哈佛商学院著名的战略管理学家迈克尔·波特（Michael E. Porter）指出，成功的战略管理应该包含五个方面：独特的价值取向、为客户精心设计的价值链、清晰的取舍、互动性以及持久性。

企业在发展过程中，首先要明确自己当下所处的位置，分析自身的发展路径，据此选择未来的发展方向，制定有效的战略并促进战略实施。当企业发现自己的发展脱离正轨时，要及时进行方向调整。

由此可见，进行战略布局对企业来说是非常重要的，不仅如此，企业在制定战略规划时，要以之前的发展经验为参考。那么，企业在进行战略制定时应该从哪些方面入手呢?

(1)企业的愿景、发展目标及需要完成的任务:企业要向什么方向发展?立志实现怎样的目标?

(2)企业的内外环境分析:企业目前处于什么位置?

(3)企业的战略定位、竞争方式选择、职能战略确定:企业未来要发展到什么程度?

(4)企业的战略评估与审核:怎样确定企业在沿着正确的方向发展?

对企业而言,战略管理是一个系统化的过程,在具体实施过程中,企业要确立愿景,制定战略,选择竞争参与方式,制定职能战略,分析内外部环境,制定工作计划以及各个阶段的经营计划与目标。

◆愿景描述:确定方向

企业树立的愿景,即企业勾勒出的未来蓝图,是企业在今后的发展过程中要不断追求的目标,在确立了愿景之后,企业要调动所有员工的积极性,通过努力奋斗来实现这个长远目标。通过确立愿景,能够让企业对自身定位有更加清晰的认识,据此选择整体的发展方向。

愿景究竟源于何处?对企业来说,愿景的确立能够从哪些方面促进其发展?

彼得·德鲁克认为,任务是定义企业的主导要素,企业要想制定清晰而合理的发展目标,就要提前确定自己在发展过程中需要完成哪些任务,期望达到怎样的目的。愿景的确立能够为企业的发展带来活力,增强全体员工的团结性,促使企业整合优势资源力量来提高整体的发展业绩。所以,企业的战略制定者要为企业确立清晰的愿景,为企业的发展提供方向上的指导。

企业的愿景要得到每个员工的认可，成为所有内部人员共同奋斗的发展目标。《战略管理》一书的作者弗雷德·戴维（Fred R. David）教授对企业愿景的优势进行了总结，根据他的观点，企业愿景能够从以下几个方面促进企业的发展：

（1）确保企业内各个部门及所有成员围绕相同的经营目的开展工作。

（2）作为企业进行资源配置的参考因素。

（3）有助于形成统一的内部环境与氛围。

（4）进行公开发布与统一描述，让员工对企业的目标与发展方向有更加清楚的认知，为他们的活动参与和行为决策提供参考。

（5）依据发展目标对企业的工作组织结构进行调整，并将具体任务落实到各个部门。

（6）明确企业的经营目标，据此进行企业的成本管理，确定绩效指标及其他相关要素。

那么，在确立企业愿景时，应该从哪些方面入手？

（1）用户：是否拥有明确的客户群体定位？（即企业的服务对象是谁？）这些用户具备哪些特征？

（2）产品和服务：是否拥有清晰的产品和服务定位？这些推向市场的产品和服务具备哪些特色？与同类产品之间是否具有差异性？

（3）市场：企业在哪些区域进行了市场开发？是否进行了市场类型的划分，区分出了潜在市场、基地市场、培育市场？

（4）技术：企业是否率先掌握了先进的技术？这种技术是否是独一无二的？怎样提高技术层面的竞争力？

（5）重视企业的生存、增长与盈利能力：企业的业务发展趋势如何？财务方面是否乐观？关于后期发展及盈利树立了怎样的目标？

（6）价值观：企业确立了怎样的核心价值观、行为准则、道德规范？

（7）自我认知：企业的差异化竞争优势是什么？怎样在长期发展过程中巩固自己的市场定位？同类企业的核心竞争优势是否使企业面临挑战？

（8）社会责任：企业本身与整个社会之间的关系是怎样的？怎样减少企业发展对环境的压力？

（9）员工：企业与员工之间的关系如何？是否充分认识到了员工的价值？企业如何促进员工的发展？怎样提高员工的忠诚度？采取了哪些激励措施？

◆战略分析：认清环境

企业在确立了未来的愿景与发展目标后，应该对当前的环境情况进行全面而有效的分析，明确自身所处的位置，这就是企业要展开的战略分析工作。

企业之所以要进行战略分析，是因为企业的资源是有限的，无论在什么样的环境下，企业都无可避免地会错失某些机遇，并且要在发展过程中承担一定的风险，所以，企业要重视资源配置，在关键发展阶段体现自身的资源优势。

要从内部环境与外部环境两个方面来了解企业当下的经营环境状况。

外部环境分析：获取与企业发展相关的政治、经济、文化、社会、技术、政策、市场竞争等方面的情况，了解企业拥有哪些发展机会，在发展过程中面临哪些挑战。

内部环境分析：获取企业本身的相关信息，包括企业在市场运作、财务管理、产品开发、设计、质量检验、供应链建设、文化发展、内部管理等各个方面的内容，从中找出企业的优势及发展过程中存在的问题。

企业外部环境及内部环境分析的维度、核心内容、分析方法及分析结果如下（见图4－2）：

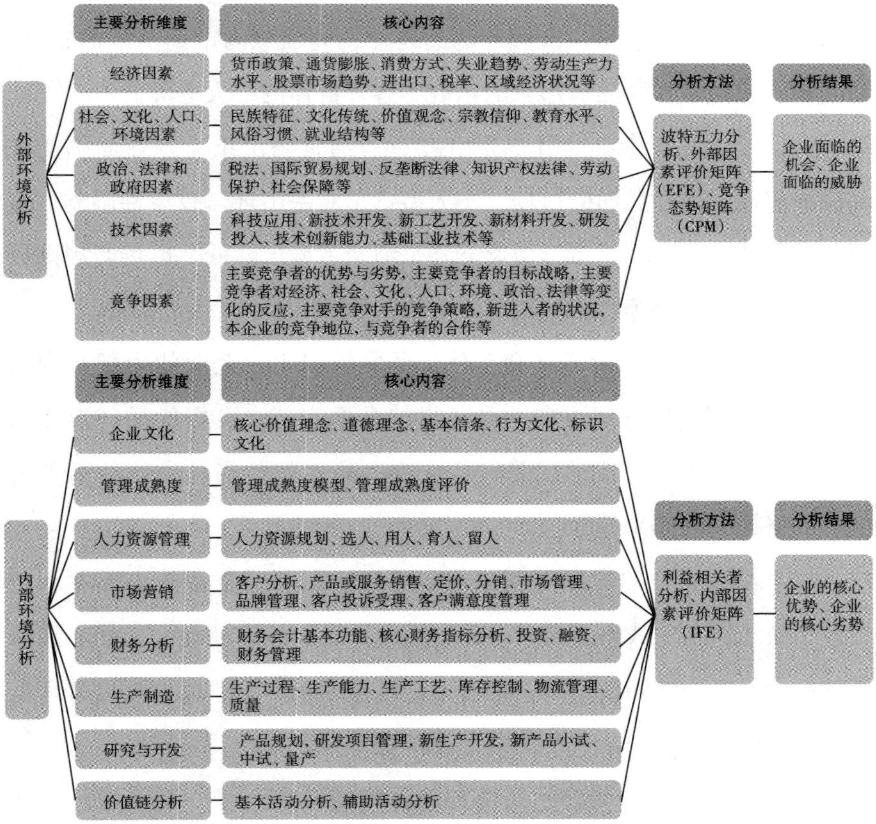

图4－2　企业外部环境、内部环境分析内容及方法

◆战略定位：寻找目标

了解企业当前所处的外部环境与内部环境之后，应该采用SWOT模型在原有基础上进行更加深入的分析，帮助企业制定科学合理的发展战略。

在采用SWOT模型梳理企业相关情况的过程中，应该重点关注以下几个方面的内容：

（1）明确企业面临的主要外部机遇。通常情况下，企业的外部机遇包括技术开发与引进、区域市场的延伸、同领域内市场资源的整合、与其他企业的合作、品牌形象的拓展、客户群体的扩大等等。

（2）明确企业面临的外部不利条件。通常情况下，企业面临的外部挑战包括同类产品涌向市场、实力型竞争对手出现、政策性限制、客户与供应商地位上升、市场增速下降、消费者需求降低、市场新规则导致企业成本提高等等。

（3）明确企业的内部有利条件。通常情况下，企业的内部有利条件包括明确的战略发展方向、可获得的金融支持、良好的品牌形象口碑、市场主导优势、技术优势、低成本、高效的传播、良好的服务提供、严格把关的产品等等。

（4）明确企业的内部不利条件。通常情况下，企业的内部不利条件包括缺乏清晰的战略方向、缺乏先进的设备、成本消耗大、核心技术依赖性大、利润空间被压缩、运营方面存在问题、企业负债超出合理范围、研究开发能力不足、产品组合需扩展等等。

（5）把企业的内部有利条件与外部机遇对应起来，制定增长型战略，即SO战略。

（6）把企业的内部不利条件与外部机遇对应起来，制定扭转型战略，即 WO 战略。

（7）把内部有利条件与外部不利条件对应起来，制定多元化战略，即 ST 战略。

（8）把内部不利条件与外部不利条件对应起来，制定防御型战略，即 WT 战略。

◆竞争战略：锁定目标

进行战略定位与战略分析之后，企业能够清楚当下的环境情况，制定今后的产品开发及市场开拓计划，进行合理的战略布局。企业要根据自身的行业发展情况、资源优势、环境情况，以及企业的发展需求进行战略选择，具体战略方式有很多，比如经营某种特定产品，以格力为代表，或者采用多元化经营方式，以美的为代表，又或者确立核心业务的同时向外延伸，以五粮液为代表，还可以同时经营多种产品，在多个领域进行布局等，要综合考虑多方面的因素做出适合企业自身的选择。

不少企业对于战略规划缺乏清晰的认知，以为企业做好了战略选择，等同于企业实现了战略规划，但现实情况并非如此，在做好战略选择工作之后，企业还要明白，企业的战略执行会受到多种因素的影响，为了减少战略实施过程中的阻力，企业应该明白自己在发展过程中要应对哪些竞争对手的挑战，并制定有效的竞争战略。

在制定竞争战略时，企业应该对自己的竞争对手进行准确定位，明确企业所属行业中有哪些同行的发展会给自己带来威胁，如果将每家企业都视为自己的竞争者，就会失去重点。

企业在找到自己的竞争者之后，要以恰当的方式来选择适合自己的竞争战略。在这方面，企业可以选择的竞争战略有很多，不同战略的侧重点是不同的。企业可以与竞争对手在产品价格、优势资源、市场范围、人力资源、经营管理、服务创新等方面展开竞争，通过参与竞争体现自身的差异化优势。

◆职能战略：分解目标

彼得·德鲁克认为，经营目标对于企业的发展，如同罗盘在轮船航行中发挥的作用。罗盘能够给轮船提供方向指导。同样，经营目标也是企业发展的方向，只有具备清晰的目标，企业才能按照自己的节奏逐步实现其战略规划，缺少明确的目标，企业的发展就容易失去方向，甚至在发展过程中脱离正确的轨道。

为了实现整体的战略规划，企业应该将目标分解成不同的维度，制定具体的职能战略，包括市场运作、产品开发、产品制造、人力资源等方面的目标。

在制定职能战略、细化经营目标的过程中，企业要考虑方方面面的因素，具体包括企业当年确立的经营计划、内部结构调整计划、流程改革计划、相关政策因素、管理人员能否快速适应新战略、相关企业文化及环境支持、生产环节的优化、人力资源支持等，以及企业的市场运作情况，具体如产品定位、价格定位、品牌运营、营销情况，还有企业的财务管理，具体如预算、资金管理等，再加上企业的信息系统运营情况及其他相关问题。

◆年度经营计划：战略落地

企业将长期发展战略进行细化处理，分解出特定年份的计划目标，即为其年度经营计划。要想推进其整体发展战略的落地，就要保证其年度经营计划切实可行，并依据合理的步骤来实施这个计划。

整体发展战略规划的实现对企业来说是一个长期的过程，为了让员工有所期待，管理者应该进行战略分解，将这个过程划分成不同的阶段，从而促进企业战略规划的实施。通过制订年度经营计划，企业能够将长期的战略目标分解成不同的组成部分，让企业在实现年度经营目标的基础上，不断接近最终的战略发展规划。

那么，在制订年度经营计划时，企业应该注重哪些方面？或者说年度经营计划的主要内容包括哪些？

（1）细化企业战略规划：将企业的战略规划进行阶段性划分，对企业的内部及外部环境因素进行评估。

（2）评估年度经营环境：分析企业的管理体系、经营情况，采用SWOT模式进行年度经营状况评估，找出核心成功因素。

（3）评估年度经营策略：选择企业的年度竞争策略，以及年度职能策略。

（4）制定年度经营目标：制定年度发展规划及经营目标，确定与战略规划相对应的绩效管理体系。

（5）安排年度经营计划的执行：在组织结构优化、流程改革、激励方式选择、员工积极性调动、人力资源管理优化、供应链完善、产品开发与设计等方面做好安排，促进年度经营计划的实施。

（6）年度经营计划实施核查：企业要对不同职能部门、不同岗位的绩效完成情况进行核查，确保各个部门都按照既定规划开展工作。

基于“SMART”原则的目标管理

从表面上看，目标制定并不难，所有项目负责人与团队成员都曾制定过目标。其中，项目负责人要确立项目目标，或者制定团队发展的目标，团队成员则要明确自己在项目中承担的职责，制定自己的发展目标。在拥有清晰目标的基础上，项目完成之后，企业就能依据此前制定的目标来进行有效的评估，计入员工的绩效考核结果中。很多项目负责人选用 SMART 原则来进行目标制定，这种方式能够提高目标制定的合理性（见图4－3）。

SMART 是 Specific、Measurable、Attainable、Relevant、Time－based 的首字母缩写，这个原则要求企业进行目标指定时，要符合以下要求：

（1）Specific：要求企业制定具体的目标；

（2）Measurable：要求企业选择能够制定可以评估、衡量的目标，选择量化的考核标准，且这些标准对应的数据能够从企业的经营过程中收集到；

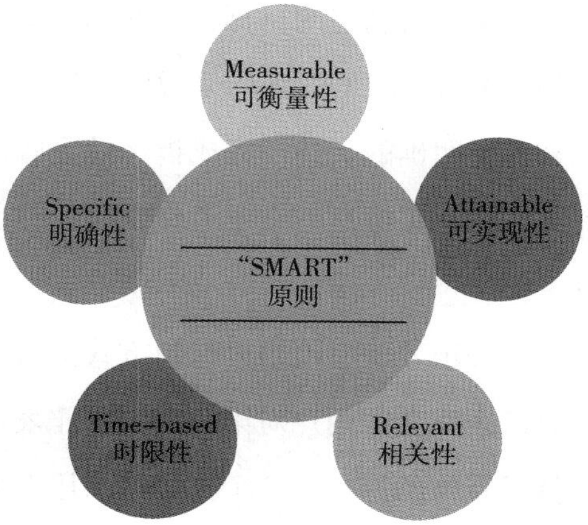

图 4－3　基于"SMART"原则的目标管理

（3）Attainable：要求目标能够达成，即项目团队可以通过有效的方法和途径达成目标，这对目标设置的合理性提出了要求；

（4）Relevant：要求企业进行目标指定时，要考虑不同目标之间的关系，将这些目标联系起来；

（5）Time－based：要求企业规定目标完成的截止时间，清晰界定绩效指标的实现时间。

在制定项目发展目标及员工的个人目标时，企业都要遵循这几个原则，确保目标的合理性及有效性。

◆Specific：明确性

明确性要求管理者在描述项目或团队成员的个人目标时，使用确切的语言及表达方式。每一个成功的项目都具备明确的目标。由于缺乏足够明确的目标，无法将目标信息准确无误地传递给相关人员而导致目标失败的情况也不在少数。

比如，企业开展某项目制定的目标是“增强用户的满意度”，该目标在确切性方面是不符合要求的。如何来说明用户的满意度？是否能够使用量化的指标来进行明确的表述？完成指标设置后，通过哪些途径来获取相关数据资源？将相关标准的设定工作交给哪一方来承担？消费者是否应该参与其中？

比如，某企业将一项非核心项目以外包方式交给第三方来承担，在评估用户满意度时，企业会让用户对第三方的工作表现进行打分，在这个环节为用户提供了具体的指标，各个指标都采用百分制模式，并对各个指标的权重比例进行了明确规定，以折算方式得出最终的分数，将这个结果提供给用户，这就是该项目的用户满意度。

所以，企业要想提高该项目的客户满意度，就要制定确切的目标。在列出相关指标后，企业还要提供不同指标的权重比例。在此基础上，要对往年的用户满意度，以及不同指标达到的水平进行分析，确定未来一年期望提高的比例、这个比例对应的确切的目标值，以及不同指标应该提升的比例，从而制定具体有效的目标。

- 实施要求：在制定目标时，要明确具体的项目、评价指标、实现方式、达成时间、对应的资源支持，进行目标分析的过程中，要明确相关部门在一定时期内需要完成的具体任务及工作量，以及应该达到怎样的水平。

◆Measurable：可衡量性

可衡量性能够保证目标是清晰的。具体是指，在制定目标的过程中，应该列出相关的数据，用于评估后期目标的完成情况。

要查看目标的完成进度，就要对相关数据进行有效的分析，进而给出评估结果。如果企业制定的目标缺少对应的分析数据，就容易导致管理者与项目实施者之间对于目标的理解存在明显的出入。当管理者认为目标仍然没有实现时，团队成员却认为自己已经完成了目标。当然，有些目标确实不容易衡量，当企业制定的目标侧重于整体发展方向的选择时，就无法给出具体的衡量标准。

举例来说，某企业制定的员工培训目标是，要求全体员工接受深度培训。深度培训是比较模糊的，且缺乏对应的衡量标准。“深度”是指只要员工参与了这个培训项目，无论最终取得了怎样的效果，都算达成了目标吗？

可以对这个目标进行调整，对于员工参与培训的时间、培训完成的时间以及培训的主题进行规定，在员工结束培训之后对其进行考核，划出一个平均分为 80 分的界限，如果受训者的平均得分高于 80 分则为完成目标，如果低于 80 分说明培训效果比较差。

- 实施要求：以量化方式来描述各项衡量指标，如果无法进行量化，则要采用质化方式来表述。为考核对象提供确切的、一致的、方便评价的参考标准，避免使用模糊、笼统的表达方式，以数量词等具体的词语代替形容词。

◆Attainable：可实现性

要制定可实现性的目标。有些管理者凭着自己在企业中的地位，独揽大权，完全依靠个人主观经验进行目标制定，并对执行者提出硬性要求，导致执行人员产生心理上的排斥，也无法调动其积极性。在这种情况下，即便员工最终无法达到目标，也会将责任归咎于管理者，而不会从自身寻找问题。采用这种方式制定目标的管理者，忽视了员工在目标制定过程中发挥的作用。事实上，随着职业素养及工作能力的提高，员工越来越注重自我表达。所以，管理者要提高员工在目标制定过程中的参与度，提高他们对目标的接受度。

● 实施要求：让员工参与到目标制定过程中，促进管理层与员工之间的交流互动，保证所有人都认可这个目标。在丰富工作内容的同时，要确保目标的可实现性。为了促进企业的发展，可以合理提高目标难度，但要保证执行人员能够通过付出努力达到目标要求。

◆Relevant：相关性

当前目标与其他目标之间的关系，即为目标的相关性。要提高单个目标实现的价值，就要保证该目标与其他目标之间存在较强的关联度，为企业的整体战略发展做出积极的贡献。

在制定工作目标的过程中，应该考虑到相关人员承担的职能及其发挥的作用。以程序开发者为例，项目负责人可能安排他接受代码重构及相关知识的培训，或者让他参与到代码核查工作中。这与他本身的工作内容存在紧密的联系。如果让程序开发者与客户进行交流，说明该项目的业务流程，就有些超出他的职责范围了。具体业务的解释与说明工作应该由产品负责人与开发管理者来承担，如果没有特别的需要，相关会议无须要求开发人员进行参与。

● 实施要求：在制定工作目标时，要对不同目标之间的关系进行分析，将具体的职责落实到相应的岗位上。要避免不同岗位的职责出现交集。如果存在这样的问题，就要在原有基础上实施目标拆分，在条件不允许的情况下，也要提前说明相关情况，避免在目标实施过程中发生冲突。

◆Time－based：时限性

时限性要求管理者在制定目标时，要严格规定目标完成的时间。举例来说，某应用软件的升级周期为21天，要求在11月30日完成迭代，这个时间界定就是比较清晰的。再比如，当某应用产品的测试报告发布之后，要求测试经理在两天之内完成总结报告并呈递给上级领导。要想实现工作目标，就要提前提出时间要求，只有这样才能督促执行者在规定的时间范围内完成自己肩负的任务。

● 实施要求：在制定工作目标时要提出严格的时间限定，综合考虑这项工作的重要程度、难易程度等，在时间方面进行合理的规划，并对其完成进度进行追踪，了解项目进展，在实施过程中进行相应的优化，如果在实施过程中出现问题，也能够迅速制定应对方案。

制定有效的行动计划

伴随着现代管理方法在诸多企业中得以应用，目标管理也逐渐流行开来，很多企业都依靠目标管理来确定自身的发展方向，并顺利渡过了企业遇到的危机与挑战。

目标管理遵循的逻辑原理包括系统原理、激励原理与控制原理。在这里将基础性原理总结为两个方面：

（1）围绕实际应用发展起来的原理。彼得·德鲁克建立的目标管理体系是一个系统化的实施过程，其涵盖的内容从前期的目标确立、目标分解、目标实施与追踪，到后期的目标检测、员工激励等，比较关注在实际应用过程中发挥理论对行为的指导作用。

（2）强调管理过程中“人”的重要性，突出“人”发挥的主导作用，促使管理者通过对员工实施管理来促进目标的达成。企业内各个层级的管理者都可以使用这种方式进行目标管理，提高工作本身对员工的吸引力，促使员工提高自律性，在工作中实现个人价值，进而推动整体目标的达成。

作为一种基础性的管理方法，目标管理侧重于对企业的整体目标与团队成员的目标进行合理而有效的分解，发现不同管理活动之间的联系，进行系统化的管理。

20 世纪 90 年代中期，目标管理帮助诸多企业增强了自身的竞争优势，有效提高了员工的工作热情，使企业跟上了时代快速发展的步伐。在社会发展的驱动作用下，目标管理的内涵也得到了进一步的延伸。如今，在经济全球化发展进程加快的国际大背景下，企业所处的市场环境、竞争方式及企业管理方式都发生了变化，企业的发展受到更多因素的影响，传统的目标管理方式已经无法满足企业的发展需求，需要在制度、管理方面进行改革与创新。

◆选择适合本企业特点的目标管理

目标管理分为两类：一类侧重于实现业绩提升；另一类侧重于实现个人能力的发展。两者之间的区别体现在目标性质、时间界定、执行人员、衡量方式等诸多方面。在选择目标管理方式时，应该考虑企业本身的特征及具体发展情况。

确立好符合企业特征与具体情况的目标管理类型后，接下来要选择目标管理的推行范围，是在个别部门应用之后再逐步扩大推行范围，还是在企业内部全面实施。要根据企业的发展规模、业务运行状态、领导者的能力、时间是否充足等来做出恰当的选择。对于那些规模不大、业务内容不复杂、领导者能力足够、时间方面比较充裕的企业，不妨在各个部门同时开展，如果条件不符合，则应考虑先在个别部门实施，在取得效果之后再扩大实施范围。

◆制定科学合理的目标

企业的未来走向取决于领导者在初期设立的目标。所以，要高度重视企业的目标制定工作。按照时间来划分，企业目标包括长期目标与短期目标两种，在完成短期目标的基础上，才能离长期目标越来越近。

确立目标的过程中，要综合考虑多方面的因素，具体如目标是否可行、是否能够发挥激励作用、是否与其他目标在大方向上保持统一等，要保证目标对应清晰的内容，拥有严格的时间要求，具备明确的衡量指标。

在制定目标的过程中，要经历以下几个环节：在进行事前准备的基础上，企业高管提出战略性目标，企业各级管理人员提出初步的策略目标，管理者发表个人看法，彼此之间进行沟通并调整，最终形成统一的目标并确立评价标准。那么，企业在进行目标制定的过程中，应该重点关注哪些问题？

（1）要与企业的战略目标保持一致。在制定目标的过程中，要以企业的总体发展目标为核心，依据大方向做出决策，将阶段性目标作为长期目标的一部分来实施。

（2）不同层级的目标完成，是企业整体目标达成的基础。所以，要从纵向进行逐层的目标划分，明确各级目标与企业整体目标之间的关系。每个层级都有下属层，要将企业的总体目标体系进行有效的纵向划分。因此，在进行目标制定的过程中，应该依据企业的总体原则，为不同部门、团队乃至所有团队成员确立相应的目标，在企业内部实施系统化的管理，进行逐层的目标划分，要求上级对下级的目标完成情况进行监督，保证所有策略、方法都得以实施，促进组织总体目标的完成。

◆全员共同实现目标

企业应该建立专业的控制部门，负责进行目标管理，促进目标的达成，承担各类目标的指挥、控制与协调工作。在执行目标时，企业要充分发挥员工的主动性，让他们根据自身的能力及具体情况开展工作，在出现特殊情况时则由上级领导进行干预，除此之外，要通过目标管理授权来调动员工的积极性。这个环节要做好以下三点：进行层次管理，合理授权并进行任务配置；将具体责任交给具体的人来承担，实施动态管理；采取有效的激励政策。只有这样，才能促使员工全身心投入到工作中，为达成共同目标而不懈努力。

如果在目标实施过程中出现问题，则需根据实际情况加以应对。要对问题性质进行分析，对于那些无关总体目标问题，可由执行者与部门负责人来解决，对于那些事关总体目标的问题，则要由高层管理人员共同协商之后进行调整。另外，在执行目标时，应该重点考虑以下内容：

（1）要牢记组织的整体目标，依据事先计划的进度来执行目标，发挥自己的主动性，利用自己掌握的权利促进目标的实现；

（2）对于目标中没有提出要求的工作，也要认真对待，努力完成；

（3）在进行日常管理的同时，管理者要强化与下级员工之间的沟通互动，对目标实施情况进行核查，如果在执行过程中出现问题，需要通知上级领导，及时进行信息传递，让管理者能够迅速了解相关情况；

（4）在具体实施管理的过程中，如果执行者没有提出相应的要求，对于细节类问题，应该发挥其主动性来加以解决，减少管理者的干预，如果执行者遇到的问题比较严重，则应该请求上级的帮助，在这个过程中，要促进上下级之间的无障碍沟通，为目标的达成提供支持。

从目标管理迈向过程管理

国内企业的战略管理已经拥有十多年的发展历程，如今，管理者对待目标管理的态度更加理性，更加注重其实际应用与最终取得的效果。

在战略管理从理论走向实践的过程中，不少企业对战略管理的价值产生了怀疑，有些业内人士提出战略无用论、战略空洞论的主张，认为战略管理仅限于高层管理者从长远发展角度提出的方向性目标，无法调动内部人员的工作积极性，或者认为战略管理是战略部门以报告形式呈现出来的发展计划，但在实施过程中并不会得到上级及合作方的支持，也有人认为战略合作不过是一种形式化的东西，无法为企业的发展提供方向指导。

战略管理对企业而言，只能停留在形式层面，无法真正发挥作用吗？是战略管理本身的发展不够完善吗？并非如此。之所以会出现这些情况，是因为其实施者采用了目标思维，将战略管理局限在了目标管理上。在这种情况下，如果企业最终没有完成目标，或在实施过程中出现了预料之外的情况，脱离了原定的发展轨道，就容易导致管理者否定战略管理。事实上，战略管理的价值体现除了达到目标之外，还在于能够提高企业发展的持续性，不断增强企业的竞争实力，实现企业差异化竞争优势的积累，使企业在市场上始终占据优势地位。

要想从根本上体现战略管理的价值，就要用过程管理思维代替以往的目标管理思维。与目标管理相比，过程管理更重视对企业所处环境的分析，让企业能够更好地适应环境的变化，通过这种方式达到战略管理的目的，体现战略管理在企业发展过程中的价值。为此，管理者要突破传统思维的束缚，用过程思维代替目标思维（见图4－4）。

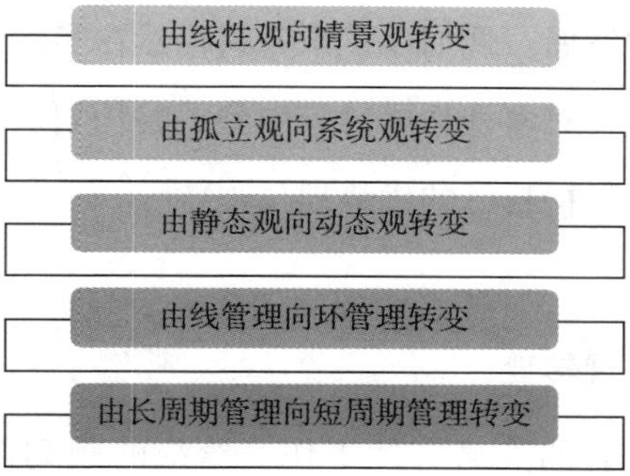

图4－4　从目标管理迈向过程管理

◆由线性观向情景观转变

在进行战略制定的过程中，企业普遍采用的方式是，利用自己手中掌握的历史数据对其所属领域及同行的未来发展趋势进行预测，据此制定企业自身的发展目标，这类企业采用的是线性思维。但仅依靠历史数据，很难对行业未来的发展趋势进行准确的把握，因为企业本身及其所处的市场环境并非一成不变，用线性思维提出的战略规划无法考虑到变化后的环境因素带来的影响。所以，企业应该用情景思维实施战略管理，这意味着企业在制定战略规划的过程中，应该对相关环境因素的变化发展进行全面的分析，在把握环境变化趋势的基础上确立自身的发展目标并采取相应的措施，提高组织的环境适应能力，在实施战略的过程中，也能够对既定战略进行优化，通过采用情景思维来发挥战略管理的实际作用。

西方发达国家的许多企业都应用了情景规划理念。“壳牌”作为世界著名的大型跨国石油公司率先应用了情景规划管理模式。很多石油企业的发展都在 20 世纪 70 年代的危机中受挫，采用先进战略管理模式的壳牌，则对行业发展趋势进行了有效的预测与分析，在危机中及时应对并获得了持续性的发展。现如今，该公司仍然在实践情景规划理念，利用完善的信息平台，对多种不同情景中的战略规划进行分析预判，在国际化大背景下始终保持自己的优势地位。

◆由孤立观向系统观转变

不少企业将所有的战略管理工作交给战略规划部门与管理层来承担，其他部门及员工则置身事外；也有些企业虽然建立了战略管理体系，但各个管理体系之间缺乏交互，无法充分发挥战略管理的作用。企业领导者应该明白，公司的每个员工都不应该是战略制定与战略实施的旁观者，而应该运用系统化的思维，将战略管理、预算决策、计划制定与实施、绩效考评等结合起来，体现战略管理的价值。

实践表明，在战略管理方面取得理想效果的企业，都实现了所有内部人员的参与，并将战略管理体系与其他管理体系结合在了一起，通过实施战略管理为企业的发展提供了方向指引。

◆由静态观向动态观转变

如果在战略管理过程中采用静态思维模式，固守既定的目标与方向，则无法适应环境的变化，不能根据市场的发展及自身资源条件的改变进行相应的调整，导致战略管理走向失败。这种一成不变的战略管理方式，很难取得良好的效果。在企业所处的环境发生变化时，相关因素的改变会对企业的战略实施产生明显的影响。这个时候应该运用动态思维，适当地改革原有的战略，必要时要对战略方向与目标进行合理的调整，从而发挥战略管理的价值。

动态管理注重两个方面：一方面，在实施战略的过程中，对企业所处的环境进行有效的追踪；另一方面，对核心因素的变化幅度进行分析，提前制定战略调整方案，提高企业战略的环境适应能力，从而提高战略规划的合理性，发挥其实际作用。

◆由线管理向环管理转变

何为“线管理”？即企业在实施战略管理时，将大部分精力放到战略制定与战略执行过程中，没有注重后期的战略回顾，整个机制是一种线性的流程，不能构成完整的体系，难以保证战略实施的效果。采用这种方式进行的战略管理缺乏有效的检测与评估，容易出现执行者应付了事的情况；另外，不能对战略管理的得失进行分析，无法对战略管理方式进行及时有效的调整，难以提升组织的战略管理能力。相较之下，环管理模式不仅注重战略制定与战略实施，还会对整个过程进行监控与回顾，能够建立起完整的体系，在发挥战略管理实际作用的同时，能够提升企业的战略管理能力。

中粮集团就采用了环管理模式，企业除了在总体战略层面实践这种管理模式之外，还将其应用到具体的管理项目及产业管理过程中，这也是中粮集团成为其所在行业中杰出代表的重要因素。

◆由长周期管理向短周期管理转变

研究发现，不少在战略管理方面比较成功的企业，都以短周期管理代替了原本的长周期战略管理。通常情况下，这些企业每隔三年到五年进行一次战略制定，每隔一年实施一次战略调整。这是由于企业所处的环境处于快速的变化与发展之中，另外，也说明企业对短周期战略管理的评价更高。所以，在实施战略管理时，应该积极学习这些成功的实践者，用短周期管理代替以往的长周期战略管理，进一步体现战略管理的价值。

企业实施战略管理，一方面是为了实现战略目标，特别是事先确立的定量目标；另一方面是为了给企业的发展提供方向指引。在企业的长期发展过程中，无论是其内部环境还是外部环境都会发生变化，不可避免地会出现目标管理无法适应环境要求的情况，所以，企业要用过程思维代替原本的目标思维来实施战略管理，通过这种方式来体现战略管理的真正价值，从而使企业获得持续性的发展。

CHAPTER 5

引领变革：唯一不变的就是变化

变革领导力的三个层面

变革时期的领导者角色转型

交易型领导VS变革型领导

培养未来领导力

以创新拥抱变革

变革领导力的三个层面

企业在经营与发展过程中要面临各种各样的变化，为了应对这些变化，越来越多的企业开始关注变革中的领导力。何为“变革中的领导力”？要想理解这方面的内容，企业应该先弄清楚，究竟什么样的变革才算是优秀的变革。

如果企业在经营过程中面临危机，就会通过变革来应对，比如有的公司选择进行裁员。那么裁员是优秀的变革吗？对此，一些企业管理者会立即给出否定的回答。但答案真的是否定的吗？对企业的管理者或股东来说，选择变革有可能为企业的发展开辟新的道路，否则企业的发展就会陷入困境。对公司员工来说，面对公司做出的裁员举措，如果对自己当前的工作方法进行调整与变革，就有可能获得更多的发展机会，否则就会面临被辞退的危机。由此可见，在进行评判时，应该关注的是变革是否成功，而不是变革是否优秀。

被誉为“领导变革之父”的约翰·科特（John Kotter）在《变革之

心》中表示，能够超过预期效果的变革只占到总体的 10%，变革的失败率却高达 70%。之所以会出现这种情况，是因为企业在变革中通常将大部分注意力放到变革项目上，对变革领导力的关注度非常低。变革领导力由三部分组成：领导变革意愿、领导变革中的人与领导变革流程。

◆领导变革意愿

意愿是付出行动的前提，只有具备强烈的意愿才有可能达到预期的效果。企业管理者在领导变革意愿的过程中，最重要的是形成紧迫感。在开展行动之前，只有具备足够强烈的意愿，才能够做好应对困难的准备，避免在中途陷入困境。

从领导变革意愿方面来看，柯达公司就是因为缺乏强烈的紧迫感，才没有在变革中取得成功。在率先发明数码相机之后，柯达也清楚地明白，数码相机将成为该行业未来的主流方向，但当时其胶卷业务的发展仍处于上升时期，要发展数码相机，就必须削减用于胶卷业务的投资，所以，公司在向数码相机变革的过程中缺乏足够的紧迫感，最终错失了变革良机。

所以，要想在领导变革中取得良好的效果，就要建立足够的紧迫感。具体应该怎么做呢？西方人常说“伟大的领导者赢得的是别人的心和头脑”，从这句话可以看出，管理者在领导变革的过程中，要更加注重从“心”（即情感）层面来施加影响，而不是“头脑”（即思想）层面的影响。

可以将变革的方式分成两类：一类是在目睹某个场景后产生特定的感受，然后做出相应的改变；另一类是对某件事进行分析，对分析结果进行思考，然后做出相应的改变。前一种是利用感染力较强的情景来产生作用，目的是激发人们的某种情感，促使其产生心理层面的反应，并在此基础上做出相应的行为。后一种是对获取的信息资源进行分析，通过提供分析结果，让人对结果进行思考，进而做出行为上的反应。其中，前一种更加感性，后一种则偏于理性。那么，在建立紧迫感方面，哪种方式的效果更好？

在建立紧迫感方面，通过在情感层面对人们产生作用，比用理性方式影响人们，能够产生更好的效果。数据的获取、分析与提供当然也不应该被忽视，但在企业变革过程中，尤其是一些大型变革，感性化的影响通常更能够激发人们的强烈意愿，使人们在具备足够紧迫感的情况下投入到行动中。

◆领导变革中的人

面对变革，不同的人会产生不同的看法及情绪反应，企业管理者应该对员工进行思想及情感方面的引导与管理。根据 DABDA 曲线理论，企业发布变革信息后，员工的反应从最初的否定（Denial），到愤怒（Anger），到讨价还价（Bargain），再到沮丧（Depression），最后才会接受（Acceptance）。

举例来说，公司内传出消息要削减工资，员工接收到此消息后，首先会产生怀疑并否定其真实性，因为当前大多数公司都在加薪，自己所在的公司如果削减员工工资，很可能会出现人才流失的问题。但知道这个信息不是流言之后，员工会产生愤怒的情绪，严重者还会想辞职。在这种情况下，员工会与管理者沟通，在沟通过程中与对方进行协商，尽可能地为自己争取更多的利益。在得不到预期效果的时候，员工会失望、沮丧，经再三考虑之后做出最终的选择，或者是继续留在公司，或者是辞职寻求其他出路。

通过对员工进行管理和引导，缩短员工情绪反应的时间，让员工能够尽快接受企业的变革。在激发员工的紧迫感、让员工产生足够强烈的意愿的基础上，进一步对员工的情绪进行管理。为了提高管理效果，还应该将员工划分成不同的类型，实施针对性的管理。

以员工对待变革的看法与态度为标准，企业可以将其归纳为以下几种类型：倡导者、跟随者、观望者与抵制者（见图5－1）。

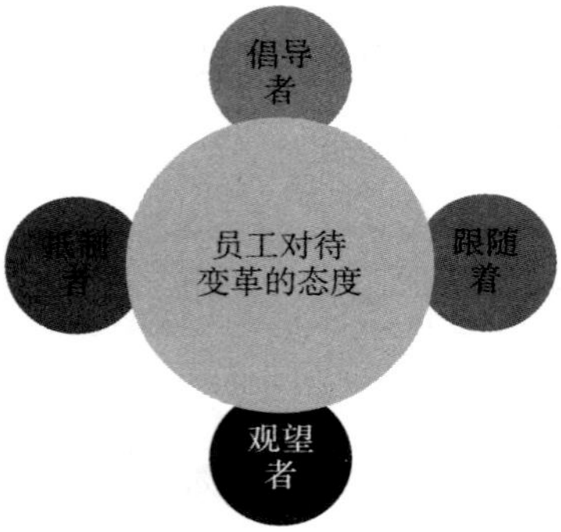

图5－1　员工对待变革的态度

（1）倡导者：倡导者对公司改革的认可度较高，在这之前就希望公司做出调整，期待公司在变革之后可以达到更高的业绩目标。这类员工对于公司采用新的工作方式没有异议，能够快速进行自我调整。此外，倡导者还会积极促进改革的实施，并提出自己的建设性意见。

（2）跟随者：跟随者通常会按照多数人的选择决定自己的行动，当大部分人积极投入到改革中，他们也会随之参与，当多数人仍然坚持传统工作方式，他们也不会去尝试新的方法。即便改革未取得预期效果，跟随者也能够坦然接受，恢复此前的工作方式。在改革实施过程中，他们会时时关注身边人的看法以及管理者对改革所持的态度。

（3）观望者：观望者倾向于坚持原有工作方式，认为变革只会起到反作用，但在意识到企业一定会实施变革后，决定先观察一段时间再做打算。观望者会对新方法与传统方法进行比较，工作时在两种方法之间来回切换。当其他人支持变革时，他们会加入其中，身边人反对变革时，自己也会转变态度。这类员工会先进行观察，只有在必要时才付出行动。

（4）抵制者：抵制者反对公司的改革，希望继续沿用以往的工作方式，认为企业的变革无法取得成功，还会将自己的态度表现出来，与其他人站在完全不同的立场。即便自己的立场会引发他人的不满，抵制者也拒绝投入到变革中，认为与其他人持有不同的看法是很正常的。抵制者的态度通常比较坚决。

企业管理者应该对不同的员工进行分类，在此基础上实施针对性的管理，提高管理效率。但是，在具体执行过程中，应该对具体的情况进行分析，运用恰当的管理方法。举例来说，有的企业的改革得到了大部分员工的支持，有的企业则只有少数员工认可，这两类企业运用的管理方法是不同的。即便如此，对不同类型的员工，企业采取的策略是相同的，对于倡导者要善加利用，对于跟随者要努力争取，对于观望着要进行稳定与引导，对于抵制者要进行疏导，企业在刚开始实施变革时尤其要注重这一点。

其中，抵制者会对企业变革的实施产生很大的影响。这类员工发挥的作用可能超出管理者的预期，除了反对变革之外，他们还会在公司内部传播负面消息，阻碍变革的顺利进行。对于这类员工，有些企业采用孤立方式，有些企业则希望任用他们，希望他们推动变革的进行。这两种方式都无法取得良好的效果。任用抵制者通常会使企业变革面临更多的问题，当抵制者意识到自己不受重视后，就会产生更大的负面影响。

企业可采取以下几种策略来管理抵制者：可以安排抵制者参与其他项目，或者为他们分配更多的任务来分散其注意力，防止他们阻挠改革的进行；将其行为向全体员工通报，发挥舆论的监督作用；在必要的情况下，公司要将抵制者辞退，保证改革的顺利进行。

◆领导变革流程

经过多年的发展与总结，业内人士总结出一系列完善的领导变革模式。其中，“领导变革之父”约翰·科特（John P. Kotter）提出的“领导变革八步法”受到了很多企业的推崇。这种模式主要包括以下几个步骤（见图5－2）：

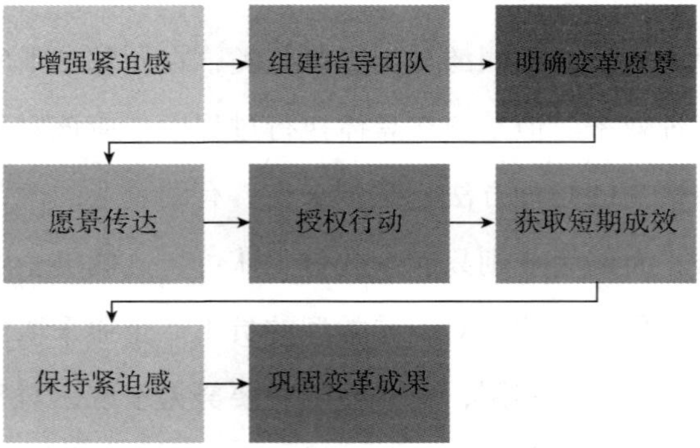

图5－2　领导变革八步法

（1）增强紧迫感。要想提高变革的效果，就要激发员工的紧迫感。

（2）组建指导团队。在具备紧迫感的基础上，企业要着手建设指导团队，负责带领变革的实施，要选择在专业能力、内部关系处理、权威、责任感方面都符合条件的人。

（3）明确变革愿景。指导团队建成后，首先要明确变革的愿景，这个愿景要清晰、简洁、切实可行，能够调动员工参与的积极性，并依据这个愿景制定对应的发展策略。

（4）愿景传达。在明确愿景之后，指导团队要选择有效的渠道，将愿景信息传达下去，为后续的改革提供方向指引。

（5）授权行动。企业管理者应该根据变革开展的需求进行授权，通过授权来促进相关政策的实施，减少变革过程中的阻力。

（6）获取短期成效。授权完成后，要在变革中获取短期成效，让企业看到变革的希望，提高团队成员的积极性，为后续的工作开展打下良好的基础。

（7）保持紧迫感。短期成效的获得，能够提高组织对于变革的信心，与此同时，组织整体对变革的认可度也会提高，这个时候应该继续保持紧迫感，促进变革的实施，在变革完成之前不应该放松。

（8）巩固变革成果。企业通过变革获得发展后，要注重文化建设，以文化形式巩固变革成果。文化建设与发展是一个长期的过程，在此期间，企业的变革会持续进行，变革的价值也会继续得以体现。

“领导变革八步法”由三个阶段构成：第一个阶段是创造变革环境阶段，这个阶段包括上述流程中的前三个环节；第二个阶段为实施变革阶段，由上述流程中的第四、第五、第六个环节构成；第三个阶段为巩固变革成果阶段，由上述流程中的后两个环节构成。

管理者需要注意的是，“领导变革八步法”固然能够作为大型企业变革的参考，但这个模式并非适用于所有变革。中小企业要根据自身的具体情况实施变革，其中，企业要集中关注的一点是，根据变革需要对人的行为加以引导，为此，首先保证相关人员具备变革的意愿。换句话说，在注重流程管理的同时，企业更要从意愿方面着手来发挥作用，推动变革的实施。

变革时期的领导者角色转型

随着时代的变化，组织变革对管理者提出了新的要求。在企业变革时期，领导者要扮演好布道者、造梦者、服务者与教练的角色（见图5-3）。

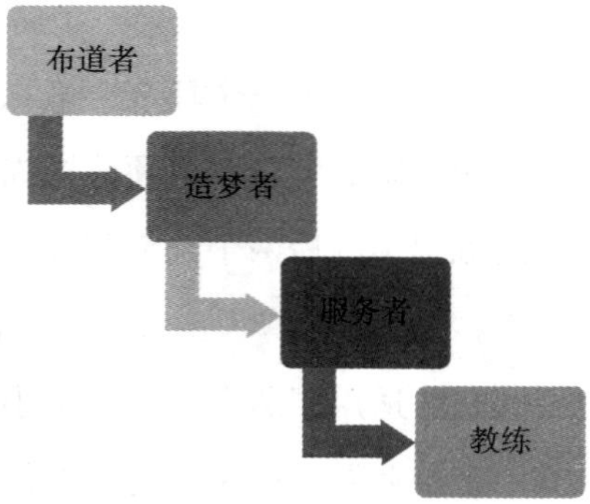

图5-3 变革时期的领导者角色

◆布道者

身为企业的领导者，应该在组织缺乏明确发展方向的时候，用价值观来引导员工做出正确的判断与选择，这种指导不是具体性的，但能够保证员工在面临选择时，不会违背企业整体的发展方向。

在现代信息社会中，组织内部充斥着各种各样的信息，面对这些繁杂的信息内容，只有统一的价值观才能避免人们迷失。所以，企业管理者要扮演布道者的角色，反复进行企业价值观的传递，让所有员工明确企业的价值观，确保人们能够明辨是非，只有这样，企业才能坚决地实施变革。

企业的管理者首先要扮演的就是布道者的角色。但是，有很多管理者将所有精力都放在技术研发与公司的业务开展上，忽视了价值观的作用，无法对人的思想进行引导，也没有认识到“人”对变革产生的重要影响。

要想扮演好布道者的角色，管理者应该先做好自身的价值观培育，在自身高度认可企业价值观的基础上，实现价值观的有效传递，才会感染其他内部成员。

◆造梦者

梦想的重要性体现在，能够为企业的发展注入活力，体现产品的内在价值。

要想提高产品的竞争力，就要将产品与梦想结合起来。对企业而言，只有具备梦想才能吸引年轻优秀人才的加入，在拥有梦想的前提下，企业才能提高人才留存率，为后续发展提供有力的支撑。

要想吸引人才的加入，除了为其提供优厚的薪酬待遇之外，还要发挥精神层面的激励作用，为其勾勒组织未来的发展蓝图，以良好的发展前景、实现梦想的激情与动力来打动对方，使其成为组织的一员。

所以，企业的管理者要扮演造梦者的角色，通过为产品赋予梦想来提高其竞争力，通过为组织赋予梦想来吸引优秀人才的加入，促使全体员工为了实现共同的梦想而不懈奋斗。马云就是依靠互联网梦想建立起阿里创业团队的。

从企业与员工之间的关系来分析，双方不仅要在经济利益方面达成一致，还要在社会关系和心理关系上达成一致。通过扮演造梦者的角色，管理者不仅能够在经济方面保障员工的生活，还能与员工建立情感上的联系，促使员工在工作中实现自己的人生价值，实现自己的追求。

◆服务者

传统模式下，管理者在企业中居于主导地位，负责给员工安排任务，并对其进行管理与控制，管理者的地位明显高于员工。但在新时代下，为了配合组织的发展，管理者应该以合作伙伴的身份，为员工提供服务，与团队成员平等相处。

在新技术不断涌现的今天，可能出现管理者的专业度不及普通员工的现象。在这种情况下，管理者不应作为高高在上的控制者，而是要为员工的技术研究提供支持，在企业发展中扮演服务者的角色。

面临快速变化的市场，那些以技术为核心业务的企业，更加注重对专业人才的引进，这类企业的管理者更要转变自身的角色，做好服务的提供工作。企业管理者要跟上时代发展的步伐，扮演好服务者的角色，实现自身能力的提升，为企业的发展做出更多的贡献。

◆教练

企业管理者要扮演好教练的角色，提高团队成员的能力。比如，企业中存在一些年轻员工，其中有些员工意愿强烈但缺乏能力，有些员工有能力但意愿不强，有些员工经验不够，眼光不够长远等等，当员工在工作中遇到阻力时，管理者要为其提供针对性的指导，提高他们的工作能力，改革他们的传统思维，让他们从长远发展角度考虑问题。

传统模式下，企业管理者会向员工发布指令，要求他们遵照命令行事，如今，管理者要扮演教练的角色，对员工进行指导，促使他们在工作中积极思考。

管理者要学习教练的工作方法，熟悉教练的状态，在对员工进行指导的过程中，灵活运用教练的技巧，提高整个团队的能力。优秀的教练要具备多种素质，企业的管理者同样如此，通用电气的董事长与首席执行官杰克·韦尔奇（Jack Welch）认为，伟大的CEO是伟大的教练。所以，要做好管理者，就要扮演好教练的角色。

那么，企业的管理者在扮演教练角色的过程中，应该具备哪几个方面的能力？

（1）善于进行人才挖掘，找到人才的优势，使其在工作中能够发挥自己的长处。要扮演好教练的角色，就要发现人才。

（2）除了提问题、互动之外，管理者在扮演教练的角色时，还要对员工进行训练，让员工通过训练来持续提高工作能力，拥有更多的经验，将知识真正应用到实践中，如果不接受训练，员工的优势就得不到施展，其工作能力也将停留在原地。

（3）作为教练，管理者除了要对员工进行引导、听取反馈信息之外，还要陪伴员工一同成长。在这个过程中，教练会与员工共同分享成功的喜悦，共同经历失败并总结经验，鼓励员工、引导员工，让他们变得越来越优秀。

（4）教练要具备足够的实力，让员工信服自己。教练要给员工进行示范，让员工看到自己的能力，从而认可其管理，用实力说话，让员工心服口服。

（5）教练要具备足够的耐心，还要用智慧对员工进行管理。员工在特定的阶段会经历一些普遍性的问题，在经历之后才会成长，对此，教练不能过于心急。

为了促进员工的成长，管理者可以选择等待，也可以为其创造经历。在恰当的时机让员工着手去处理一些事情，丰富其阅历，从而获得发展。经历过后，不论成功与否，员工都能从中获益，积累一定的经验。

作为企业的管理者，要顺应时代的变化，积极转变自身的角色，扮演好布道者、造梦者、服务者与教练的角色，促使企业通过改革实现转型升级。

交易型领导 VS 变革型领导

1978 年，贺兰德（Hollander）提出了交易型领导（Transactional Leadership）的概念，将其定义为基于上下级某种交易的领导，他们通过为下级明确角色、分配任务进行管理，通过一定的奖励和利益驱动下级努力工作，尽可能地让员工在一种相对稳定的工作环境中按照任务要求完成绩效目标。被动、追求稳定是交易型领导的显著特征，将自身和下级看作简单的交易关系，满足的是员工较低层次的安全、生存等基本需要。

20 世纪 80 年代，美国政治社会学家詹姆斯·麦格雷戈·伯恩斯（James MacGregor Burns）在其著作《领袖论》一书中提出了变革型领导（Transformational Leadership）的概念，将其定义为一种发挥领导魅力与感召力、激发员工潜能、给予员工个性化关怀等，使员工认识到自身权责及任务的价值，来刺激其有更高层次需求，从而提高员工绩效的领导。

变革型领导尊重员工，重视员工价值，通过建立愿景和使命，促使员工完成目标，积极创新，愿意让员工实现更高的自我价值，从而激发员工潜能。主动、促进变化与创新是变革型领导的显著特征，变革型领导将下级看作事业共同体乃至命运共同体，通过个人实现、尊重等较高层次的需求来激励员工，使他们在不断成长进步的同时，推动组织的稳定发展（见图5－4）。

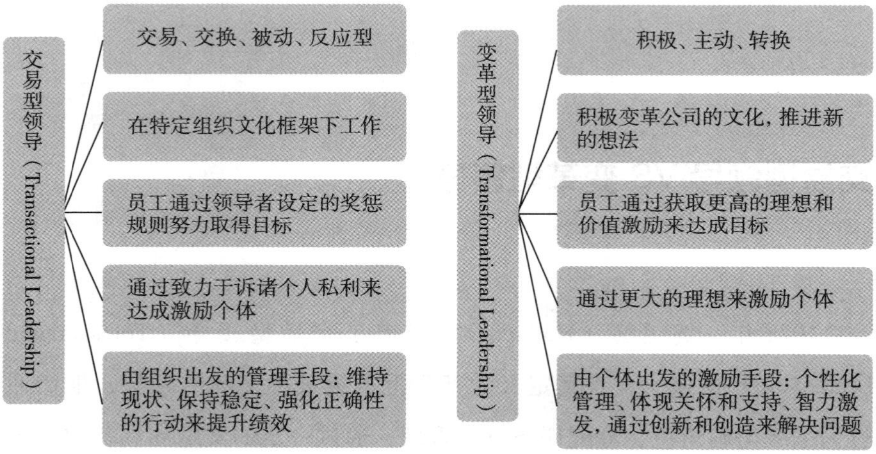

图5－4　交易型领导 VS 变革型领导

和交易型领导相比，变革型领导往往有较高的个人魅力，其决策能够得到更好的执行。具体而言，以下特征在变革型领导身上尤为突出：

用理想、愿景等文化因素驱动员工；

提高员工的道德标准与综合素质；

引导员工追求利益之外的更高层次的需求；

强调组织协同合作；

像导师一般为员工工作提供指导和帮助；

为员工提供一定的自由选择权；
使用更为人性化的管理手段。

我们可以从四个层面来理解变革型领导力：

（1）愿景驱动，设立清晰而明确的愿景，鼓励员工实现梦想和愿景，并为此提供必要的资源支持，宽容失败，向员工充分授权。

（2）鼓舞激励，用实际行动为员工树立榜样，帮助员工建立信心，借助企业文化和价值观增强员工精神动力。

（3）个性关怀，根据员工兴趣、性格等给予员工人性化关怀。

（4）支持创新，鼓励员工不断试错，将自身的创意与灵感变为现实。

和传统产业相比，互联网产业是变革型领导的集中地，因为和前者相比，后者更加强调变革与创新，面临的竞争更为复杂，而且创业初期，很多互联网企业领导者招募的大多是朋友、同学、前同事等，关系较为平等，再加上互联网行业从业者平均年龄较低，年轻人喜欢新鲜事物，热衷于挑战，变革型领导者更能满足其需求。

目前，仍有很多国内企业以交易型领导为主，这类企业内部有着强烈的等级观念、强调服从与执行，早期的万达、华为等皆是如此。以万达为例，万达在执行力方面具有明显优势，其执行力可以概括为——“说到做到，算到拿到”，“说到做到”相对容易理解，可能很多人对“算到拿到”有些困惑，它是指不动产开发的精准评估预算，由于不动产开发成本高昂，很难做到精准的成本预算，但万达却能做到30年开发的所有项目，全部实现实际成本低于预算目标，这堪称业内奇迹。

当时的万达要求领导者要有强烈的时间观念，以身作则，通过多种手段确保下级严格执行，但这种方式也造成了权力过度集中在集团总部，使领导者更加注重监督与控制职能，而忽略指导与鼓励职能。

◆为什么需要这样的转变

变革型领导具有更高的效能，从交易型领导向变革型领导转变是现代企业的主流趋势。变革型领导崛起的最根本因素在于，它迎合了时代发展的需要，和传统工业时代相比，如今的市场环境、组织工作环境等都发生了极大的改变，具有较高的不确定性，从而对领导者的变革与创新能力提出了更高的要求。

从领导对象也就是广大员工角度上看，社会文明不断进步，人们有了更为强烈的自我意识，视野更为开阔，强调自由、平等。此前，员工只需要按照上级分配的任务完成工作即可，但如今他们有了自己的想法和观点，可能会质疑上级的安排，同时，移动互联网使信息传播效率实现了质的提升，员工在工作中会感受到来自各方面的压力，很容易对未来感到迷茫。

如果管理者仍按照交易型领导的管理方式进行管理，效率将大幅度下滑，而且容易让员工产生抵触情绪，难以吸引并留住优秀人才。而变革型领导可以让员工在愿景驱动下高效工作，通过梳理战略为员工指明前进方向，厘清自身在组织中扮演的角色。

◆如何转型到变革型领导

从交易型领导转型为变革型领导需要经过长期的系统训练，要求领导者在日常工作中逐步提高自身的管理水平。首先，变革型领导者要使自身发展成为员工的导师和教练，如今很多商学院及职场培训机构开设了类似课程，但对领导者的实际帮助远未达到预期水平，之所以出现这种情况，很大程度上是因为受传统思维影响，领导者在内心深处认为像导师和教练一样开展工作会浪费大量时间，而且管理效果有较高的不确定性。所以，变革型领导者首先应该转变自身的思维模式，不再以自我为中心，充分认识到员工对组织发展的价值。

树立以价值观为主的领导模式是转型为变革型领导的关键所在，为此，变革型领导应该建立自我价值观，不过，很多领导者并未进行过这方面的思考，其价值观较为模糊，对自身的指导与帮助较为有限，更不用说对员工施加有效的影响。

人们的价值观认知水平存在较大差异，相当多的人甚至根本没有价值观，利益至上，没有基本的道德底线，部分人虽然有价值观，但不清晰，不能在日常工作中对其持续强化，对管理效能提升的帮助是十分有限的，仅有少部分人具备较强的思辨能力，有丰富的理论知识和实践经验积累，可以形成清晰而明确的个人价值观。

有了个人价值观后，领导者需要将个人价值观内化为企业价值观，从而帮助员工树立个人价值观，用深层次的文化来促使员工积极主动工作，使其将为组织创造价值视为值得自己奋斗一生的事业。

培养未来领导力

让优秀人才具备未来领导力，培养能够引领未来的组织成员无疑是企业实现可持续增长的重要因素。为此，很多企业让具备较强业务能力的人才在商学院中接受培训，以便使他们具备未来领导力，然而最终结果却相当不理想，因为大部分商学院的课程以传授知识为主，和培养领导力之间存在明显差异。

仅让业务人才学习管理知识是很难培养领导力的，领导力的形成涉及能力与综合素质提升、价值观塑造等诸多方面，要让他们在内心深处获得充足的学习动力。“全球第一 CEO”杰克·韦尔奇提出的“4E 模型”可以很好地概括引领未来的领导者应该具备的四种能力（见图 5－5）：

（1）Energy——活力与激情：热衷于工作本身，有创造价值的使命感、责任感，遇到困难时，不会消极退缩，而是能尽可能地寻找一切解决方案，当然，解决问题后也将收获巨大的成就感与满足感。

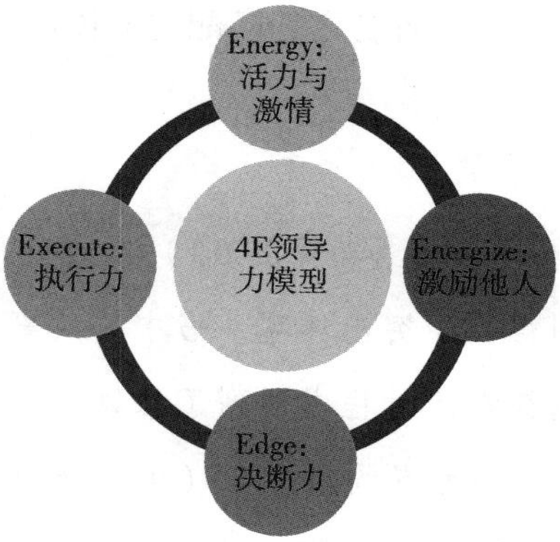

图 5－5　杰克·韦尔奇的 4E 领导力模型

（2）Energize——激励他人：可以为组织成员清晰地描述组织战略目标与实施策略，为组织成员提供前进方向，提振士气，让员工积极行动起来，通过协同合作攻坚克难。

（3）Edge——决断力：能够精准判断事态现状及趋势，分清主次，快速做出合理选择。特别是在处理复杂事件时，能够引领未来的领导者往往可以把控全局，知道何时需要让团队成员充分讨论，何时需要拍板决断，具有为长期利益而牺牲短期利益的魄力。

（4）Execute——执行力：将战略规划、策略方案等真正落到实处，对员工进行监督的同时，为其提供指导与帮助。

引领未来的领导者要富有远见，可以为企业制定清晰合理的中长期战略规划，这需要领导者对市场环境与用户需求有深入了解，能够把握行业发展趋势，为企业找到未来的发展方向。

当然，有了正确的战略规划后，还要将其落地执行，很多企业并非是缺乏优秀的战略规划，而是执行不到位，使企业投入了远高于竞争对手的成本，但实际效果却远不如竞争对手。想要做好执行工作，领导者要确保组织成员对战略规划认识的一致性，并对战略规划进行分解，落实到具体的岗位，同时，设置与之相匹配的考核机制，对员工进行监督与引导。

在 *Leading at the Edge*（《勘探前沿》）杂志分享的一支探险队的经历中，领导者的作用得到了突出体现，书中的故事开始于 1914 年，当时的一支探险队在南极探险过程中遇到了暴风雪，船只被困在半途中，是冒险继续前进，还是返程寻找新机会（由于光照与气温等条件限制，南极探险通常选择在 11 月至次年 2 月），成为探险团队面临的重要抉择。

船长运用自己的专业知识对探险队遭遇的事件现状及不同决策可能会引发的潜在后果进行分析后发现，继续前进的风险极高，返途是更为明智的选择。船长将利弊逐一分析后成功说服团队撤离，但撤退途中船只被冰层冻住，团队面临严寒、食物短缺等危机，面对这种情况，船长主动肩负起了带领团队的责任，不断鼓励团队成员朝着既定方向前进，最后成功脱险。

企业发展过程中难免会遇到各种危机，而身处于危机中的企业就像深陷黑暗通道中的人一般，破坏性最大的并非是脚下的路多么崎岖，而是不知道这个通道还要走多久，内心深处对为未知的恐惧足以将很多人击垮，此时，拥有坚定的信念显得尤为关键，这也是引领未来的领导者应该具备的，领导者必须能够带领组织成员朝着正确的方向前进，鼓励大家勇于面对困难和挑战。

物联网、大数据、人工智能等新技术的发展与应用，使全球化进程日渐加快，不确定性也明显提升，就像刚步入 21 世纪的人们很难想象以智能手机为代表的移动互联网时代一般，想要对未来进行精准预测几乎是不可能的事情。这种背景下，企业领导者需要更为灵活、敏捷，要能够对企业内外部变化做出及时调整，不局限于某一特定的领域，能够整合各方资源抱团取暖，推动组织不断革新。

对于新时代的领导者而言，在长期坚持既定目标和随机应变之间找到某种平衡并非是一件简单的事情，何时需要坚持，何时需要调整，没有标准的答案，大象般的领导者能够为企业提供一个长期稳定的方向，但容易使组织僵化，丧失灵活性；蜂鸟般的领导者富于变化，可以让企业发现很多新机遇，但容易导致组织精力过度分散，难以构建核心竞争力。

类似地，在把握前瞻性布局和聚焦当下之间做出平衡对领导者而言也并非易事，这需要领导者协调好长期利益和短期利益。就像马云所说的：管理是一门科学，但领导是一门艺术。需要指出的是，对企业进行调整并非是领导者自身的事情，如果不能向组织成员讲清利弊，协调好利益分配，即便战略再优秀，也很难真正落地，那些涉及多部门利益的变革更是如此。

以创新拥抱变革

创新领导力是领导者的一项必备能力。复杂多变的竞争态势，要求企业有较强的适应能力，能够开展一系列的创新与变革，这就对领导者的创新领导力提出了更高的要求，具体而言，企业领导需要从以下几个方面来培养创新领导力。

◆保持开放的头脑

管理学理论的日益丰富完善，培训产业的崛起，以及管理软件的大规模推广普及，使企业的管理水平获得长足进步。但这在一定程度上也抑制了创新，很多企业会借鉴成功企业的先进管理模式，用一系列的标准化流程和规章制度使整个组织稳定、有序运行，却也使得领导者被条条框框所限制。想要解决这一问题，领导者首先要做的就是提高自身的开放性。

万豪酒店集团旗下的国际顶级奢华酒店品牌丽思卡尔顿酒店（Ritz－Carlton）的服务水平向来被顾客称颂，这很大程度上得益于其奉行的“20 条服务基本规定”，比如，全体员工对酒店的清洁都负有不容推辞的责任；在你的工作场所内外，都应该自认是酒店的大使，保持交谈的积极性，就任何疑虑与恰当的人沟通；每一位员工都对创造团队合作的环境和提供“边缘服务”身负其责，以确保我们的客户和其他员工的需要得到满足等。

然而市场环境和用户群体特性的变化，导致坚持几十年的“20 条服务基本规定”变得不再适用，促使企业进行调整与改革，但如果只是在其基础上增加条款，是很难达到预期效果的，因为对很多年轻员工来说，20 条已经让他们难以忍受，如果再增加，只会起到反作用。最终，领导层对“20 条服务基本规定”进行重大调整，去掉了那些生硬的、僵化的描述，简化为“12 条价值原则”，比如，“我被授权来为客人建立一种独一无二的、值得记忆的、很个人化的住店经历”，这让员工有了很大的自由发挥的空间，对激发员工想象力与创造力，从而推动服务创新产生了十分积极的影响。

当然，保持开放的头脑，要求领导者本身具备较强的洞察力，可以透过事物表象发现本质。

◆不怕风险

企业家精神是创新领导力的一项重要内容。那么，何为企业家精神？它包括工匠、创新、冒险、合作、敬业、诚信、执着、学习、服务等多种精神，其中，不怕风险，也就是冒险精神无疑是企业家精神的核心之一，可以说，冒险是优秀企业家的天性。

康宁前CEO在开发一个重大新项目时，没有选择向公司董事会寻求资金支持，而是创造性地和其最大的客户德州仪器合作，和合作伙伴风险共担，共享创新成果，最终不但使公司的抗风险能力得到了显著提升，更使自身和合作伙伴成为真正意义上的利益共同体。

然而很多企业领导者并不具备冒险精神，他们更加倾向于在已经经过市场验证的业务上投入更多的资源，因为这能带来可以预见的收益，公司将会有稳定的财务表现，正是这种想法使很多企业错过了重大发展机遇。

诺基亚手机业务被微软收购时，CEO约玛·奥利拉（Jorma Ollila）在记者招待会上的发言——“我们并没有做错什么，但不知为什么，我们输了”，让在场的几十位高管不禁落泪，巨头离场难免令人唏嘘，但冒险精神的缺失似乎又注定了它们的结局。

具备创新领导力的领导者为了让组织找回企业家精神，通常会采用“学习性启动”（learning launch）策略，即在开展创新活动时，先在小范围内进行，并且邀请用户或客户提供反馈信息，经过论证确认项目可行后，再将其全面展开，这对于控制创新项目风险也具有颇为良好的实践效果。

“学习性启动”使组织成员的创意可以绕过很多阻碍因素，让员工将焦点集中到创新活动之中，引导员工在创新实践活动中学习，并和用户及客户进行深入沟通交流，增强组织成员的服务意识。

◆协同中激发组织创新

传统企业管理过度重视控制，上下级之间难以建立信任关系，而创新领导者致力于为组织成员构建一个开放、平等、合作的工作环境，使组织成员能够在高效协同中开展创新。

火狐浏览器开发团队 Mozilla 实验室是一个典型的网络状组织，成员之间没有层级之别，驱动员工完成各项工作的动力并非是命令，而是他们想要在优秀的产品开发中做出自己的贡献，这能让他们获得满足感、自豪感。Mozilla 实验室能够成为网络状组织，很大程度上得益于创始人自创业初期就开始打造开放、协同的组织架构及组织文化。

科学研究发现，商业领域很多颠覆性的创新并非是单一领域的优秀人才团队研究探索，而是不同领域的优秀人才交流思想，实现创意与灵感的碰撞融合的结果，这提醒中国企业领导者要保持团队的多元化。国际知名动画工作室皮克斯动画工作室（Pixar Animation Studios）专门成立了一个特殊部门用来开发新电影，该部门从各部门寻找不同背景、兴趣爱好的成员，来共同寻找动画电影新创意。此外，在皮克斯内部，员工无须向上级申请，就能找任何组织成员来帮助他们处理业务难题。

创新领导者除了自身要具备推动组织创新的能力之外，还应该善于引导员工进行创新，而引导员工创新就需要对其进行充分激励。和物质激励相比，精神激励往往对员工有更高的激励效果，在那些以创新著称的企业中，组织成员往往会将推动组织创新视为自己的本职工作，企业也通过制度设计，让员工可以大胆尝试，不需要担心因为创新失败而受到严厉惩罚。

◆培养员工的洞察力

培养员工的洞察力是创新领导者应该具备的重要技能。创新并非是凭空出现的，它需要人们对事物进行深入观察、思考，面对同样一份行业市场报告，普通人可能仅注意到报告中的各种数据，而富有洞察力的人却能从中发现市场机遇。

初创期的谷歌公司曾经在网站上发布了和其现有商业模式毫无关联的人才招聘信息，但相较于谷歌本身，这类人才却更符合微软的需要，比尔·盖茨发现了这种异常情况后，向自家公司的相关部门发送了电子邮件，提醒相关负责人应该做一番研究，然而这并没有得到相关部门的重视，最终谷歌招募到了很多优秀人才，短短几年时间便成为搜索引擎巨头，作为微软的强劲对手出现在市场上。

和身居高位的高管相比，处于一线战场的员工，在获得创意与灵感方面往往更具优势，只不过员工缺乏足够的话语权，浪费了大量创意与灵感，谷歌对公司内部的创新项目进行研究后发现，高管提供的创意的成功率明显低于员工提供的创意。

当员工都具备较强的洞察力时，企业的创新活动将会取得事半功倍的良好效果，逐渐在组织内部培养出创新文化。所以，员工洞察力的培养是创新领导者要解决的重要问题，从诸多实践案例来看，对员工进行系统培训，塑造开放的组织文化，不失为培养员工洞察力的有效手段。

CHAPTER 6

正向团队：实现团队的效能裂变

打造卓越团队的三个步骤

建立高效能团队的六个原则

企业一致性与“集体行动”

团队内部的冲突与管理

团队建设的“TOPIC模型”

从“各自为政”到“团结协作”

打造卓越团队的三个步骤

想要充分发挥每一个高管团队成员的潜能是非常困难的，然而面对日益激烈复杂的市场竞争，掌控企业宏观发展方向的高管团队所扮演的角色越发关键，而企业想要实现可持续发展，就必须对管理层人员的潜能进行挖掘。麦肯锡进行的一项针对上百家一流跨国企业高管团队的研究（对其中30家的600位高管进行了重点调查）显示，想要打造具有极高效率的高管团队，应该遵循以下三个步骤（见图6－1）：

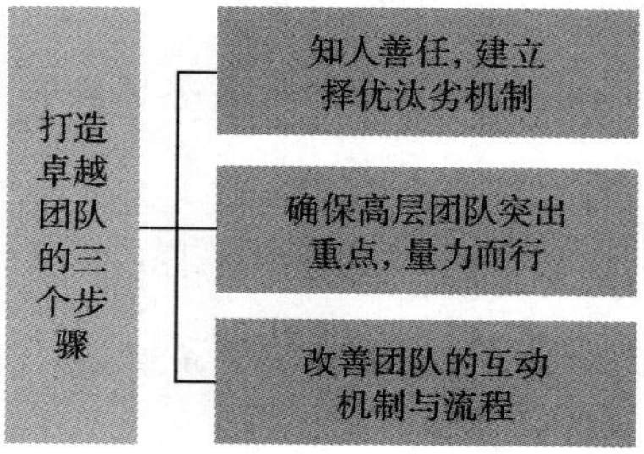

图6－1　打造卓越团队的三个步骤

◆知人善任，建立择优汰劣机制

明确高管团队的人员配置是领导者需要承担的重要使命，让优秀的人协调搭配，共同奋斗，是提高团队业绩最为简单有效的手段之一，然而很多领导者并不能做到这一点，麦肯锡的研究调查显示，1/3 的高管认为企业的高管团队人员配置不合理，之所以出现这种情况，和领导者简单地用职位、级别、薪酬待遇的高低来搭建高管团队存在直接关联。

要想使高管团队的人员配置更为科学合理，领导者就需要明确高管团队在实现组织战略目标过程中应该扮演何种角色，需要具备什么才能，然后再确定高管团队的人员配置。虽然理论并不复杂，但这需要领导者拿出足够的时间与精力深入思考，对组织战略目标进行有效分解，并从组织内部挑选或引进具备相应能力的人才。

某家技术服务公司的高管团队效率低下，成员之间缺乏信任，仅有 1/5 的成员认为团队成员有着统一的目标，1/3 的成员认为团队为企业创造了足够的价值，这导致公司出现了客户响应不及时、售后服务不完善等诸多问题，严重影响了客户体验，客户对公司服务的评分仅有 2.3 分（总分 7 分），更为严重的是，高管团队内部对造成这种情况的原因无法达成一致，不能找到有效的改善策略。

在不改变就被淘汰出局的压力下，该公司的领导者决定对公司进行改革，组建战略小组，从以企业为中心转变为以客户为中心，对高管团队的人员配置进行了重大调整，将两位不积极配合跨组织协同合作的区域经理从团队中剔除，增加了负责领导战略小组、负责批发业务、负责零售业务的几位高管。

接下来，该公司领导者又组织新的高管团队参加研讨会等线上线下活动，加强他们之间的沟通交流，培养其合作精神，逐渐打破了不同部门、不同区域之间各自为政的不利局面。这种做法充分激发了高管团队成员的激情，他们主动邀请 HR 部门资深员工对团队绩效目标进行优化，在销售指标等业绩指标的基础上，增加了客户满意度、企业文化等指标。

仅用一年的时间，该公司的客户服务评分便达到了 4.3 分，超过了行业平均值 0.2 分，而且该评分还在逐步增长，这些成果提振了高管团队的士气，让他们意识到通过自己的努力可以为客户及企业创造更多的价值，从而获得成就感、满足感，更为积极地投入到工作之中。

◆确保高层团队突出重点，量力而行

让高管团队能够找到工作重点是非常关键的，毕竟人的精力是相对有限的，将更多的精力放在重点方面往往可以取得更高的业绩，不过仅有少部分企业能够做到这一点。麦肯锡的研究显示，仅有 38% 的受访对象认为高管团队找到了工作重点，仅有 35% 的受访对象认为高管团队对时间与精力的分配是合理的。

也就是说，大部分高管团队未能优先开展重点工作，他们不能明确哪些任务需要他们全身心地投入其中，并高效协同，哪些任务仅需要交给下级并监督即可，在这种情况下，虽然高管团队每天的工作非常繁忙，要承担较大的工作压力，但创造的价值却相当有限。

厘不清工作重点很容易让高管团队陷入文山会海之中，在那些和团队职责并无较大关联的会议中耽误大量时间，造成严重的资源浪费。想要解决这一问题，领导者必须积极对高管团队进行引导。需要指出的是，每个高管团队成员都有团队赋予的组织目标以及满足其个人利益诉求的个人目标，要实现这些目标就要完成相应的任务，如果没有团队的共同努力，仅凭一己之力很难确定这些任务的优先次序。

欧洲某家消费品公司的做法值得我们借鉴，在领导者的帮助下，该公司的高管团队首先制定了待解决问题清单，然后思考解决哪些问题有助于团队创造更高的价值，从而去掉了清单中的部分问题。之后，团队成员相互提问，了解各成员可以独立处理哪些问题，哪些问题需要团队合作，比如，某地区的用户希望可以提供更多口味的饼干产品，这并不需要跨区域或跨职能合作，没必要让所有高管团队成员都关注这一问题。而针对那些需要团队合作才能解决的问题，设置公开透明的绩效目标，确保团队成员积极配合。

经过上述调整后，该公司的高管团队找到了那些能够创造更多价值的重点工作，他们通过调整任务完成的次序，并合理分配人力、资金、设备等资源，来更好地服务用户，团队工作效率因此而大幅度提升，该公司的统计数据也充分证明了这一点。经过变革后，该公司的市场份额从连续 4 个月萎缩到逆势增长，公司业绩的提升也给了基层员工更多的信心，员工消极懈怠的问题得到了有效解决。

◆改善团队的互动机制与流程

确保高管团队进行及时充分的交互，是提高团队效率的重要保障，为此，领导者需要为高管团队建立系统完善的互动机制与流程。麦肯锡的研究显示，高管团队仅有 30% 的时间实现了高效率协作，如果团队处理的问题比较复杂或事关多方利益，高效率协作更是一项奢望。以下三个案例可以很好地说明缺乏完善的互动机制会导致业绩低下：

【案例1】

某家大型矿业巨头高管团队在一项重要战略规划方面出现了持有截然不同观点的两个阵营，双方在该项战略规划的争论上耗费了大量的时间，然而始终不能达成一致意见。

【案例2】

拉丁美洲政府对保险行业进行了重大政策调整，加强开放力度，降低市场准入门槛，允许外国保险公司进入，打破了某家保险公司在当地市场的垄断地位。在海外巨头的猛烈冲击下，该公司的市场份额不断下滑，营收大幅度降低，而缺乏有效沟通的高管团队将责任归为政策变化，不主动采取应对策略，整个组织士气低迷，各种问题也随之而来。

【案例3】

北美某家金融公司实施了一项业务流程改善计划，然而高管团队成员缺乏协调沟通，不同部门和团队不能彼此配合，甚至会为了自身利益而阻碍其他部门和团队的工作，比如，一个团队想要利用个性化推荐系统推进交叉销售，但另一个团队却拒绝提供用户数据，担心这会影响自身业绩。

领导者改善团队互动机制与流程时，首先需要和高管团队交流沟通，共同寻找阻碍团队沟通的症结所在，使团队成员就影响团队沟通的根本因素达成一致。实践中，领导者可以运用和团队成员面对面交流、进行团队调查、评估等方式。

上面所提到的拉丁美洲保险公司领导者运用这些方式后，发现高管团队成员之间缺乏信任。在这种情况下，他们是很难对企业的战略规划及实施策略达成一致的，也无法真正认可企业的文化与价值观。针对这种问题，该公司的领导者定期组织高管团队成员参加团建活动，并将企业文化与价值观指标纳入考核体系之中，逐渐解决了信任问题。

对于互动机制中出现的各种问题，尽可能地在第一时间制定有效策略能够有效降低解决的难度与成本。上面所提到的矿业巨头领导者确实给予了高管团队成员充分的自由，让他们畅所欲言，充分表达自己的观点，但放任持有相反意见的团队成员继续讨论，不但不能达成预期效果，甚至还会引发矛盾冲突。在这种情况下，领导者及时介入并从企业长期发展视角上给出自己的专业见解，拍板决策，是很有必要的。

解决交互机制与流程问题往往需要领导者的多次干预，上面所提到的金融公司领导者在发现高管团队沟通协调不畅时，就应该采取多种方法加强他们之间的沟通交流，比如，组织高管团队参加多种线上线下会议，逐步提升他们对沟通的重视程度，强化他们对企业文化的认可。一年后，高管团队开始变得乐于对跨职能与跨部门项目进行沟通协调，将和员工沟通视为自己的一项工作，公司的运营成本较同期降低了20%。

建立一支强大的高管团队，是企业成就一番伟业的重要驱动力，高管团队是企业提高市场竞争力的重要因素，领导者必须给予高度重视。强大的高管团队具有以下三个方面的特征：

（1）团队成员相互支持，高管团队的高效协作需要成员相互支持，每一个成员都要积极配合其他成员的工作；

（2）团队成员彼此信任，在这方面，团队成员既要愿意相信别人，也要展现出自身值得他人信任的能力和素质；

（3）团队成员都能创造价值，每一个团队成员都可以为团队及企业创造价值。

在开展日常工作的过程中，高管在制定决策时需要综合考量多种因素，提供多种方案，一个高管团队的所有成员在处理各种问题时的决策都保持一致是相当危险的事情，这说明企业成了一言堂，大部分团队成员无法有效表达自己的观点与看法。只有不同团队成员能够公开表达自己的观点，并通过讨论集思广益，促使决策更为精准、高效时，高管团队的价值才能得到充分的体现。塑造这种高管团队，要求企业领导者能够找到那些有担当精神、善于发现、积极创新的管理人才。

当然，管理人才并非是先天的，后期的培养尤为关键，这提醒企业领导者要注意倾听，能够接纳不同意见，让组织成员具备敢于挑战权威的勇气，而不是仅做被动的执行者。

建立高效能团队的六个原则

在颠覆成为常态的背景下，企业延续那些所谓“经过市场认证的传统思维与模式”不但不能建立领先优势，反而会跌入万丈深渊。如果企业想要长期保持较强的市场竞争力，就必须主动拥抱变化，积极接受新事物、新思想。而管理团队是企业变革的主导者、推动者，如何提高管理团队效能是当代企业面临的重要课题，在对诸多海内外成功案例进行深入分析的基础上，我们可以总结出建立高效能管理团队的六大原则（见图6－2）：

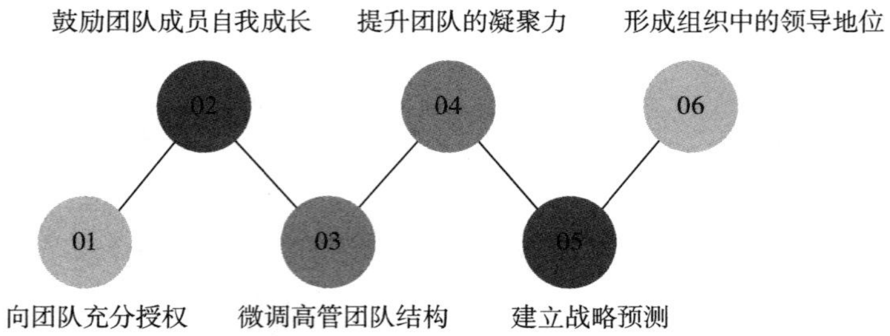

图6－2　建立高效能团队的六个原则

◆向团队充分授权

由于领导者的个人精力有限，通过授权将部分工作交由管理团队完成是很有必要的，而成立管理团队，却不赋予其应有的权力，不但浪费资源、使领导者承担过重的压力，还容易因为权力过于集中，出现重大决策失误，给企业造成不可挽回的巨大损失，所以，领导者应该向管理团队充分授权：

在客观层面上，要通过规章制度给予他们一定的权力和资源；在主观层面上，要通过级别、职位调整在组织内部体现其角色的重要性，让其他组织成员意识到他们是领导者的代言人。

◆鼓励团队成员自我成长

当管理团队成员没有能力完成其被赋予的使命时，管理将是低效的、混乱的。推动组织变革的过程中，管理者容易受传统思维与方式方法的影响，不能成为变革的驱动者，所以，鼓励管理团队成员不断学习，自我成长是非常关键的。在这个过程中，管理者可以形成自己的管理风格，运用差异化的管理策略对员工进行管理，当然，这是一个长期的过程，不是短时间内就可以完成的事情。

◆微调高管团队结构

企业发展阶段、竞争对手策略调整、消费升级等多种因素的变化，会对高管团队的职能提出不同的要求，同时，高管团队本身也是流动的，部分成员可能离职创业，部分成员可能因为身体健康问题提前退休等，需要企业对团队组成进行一定的调整。

◆提升团队的凝聚力

提高凝聚力是增强团队战斗力的重要保障，但问题在于提高团队凝聚力的同时，可能会引发山头主义风险，也就是说，虽然管理团队内部非常团结友爱，但对其他组织成员并不友好，不积极配合后者的工作，影响企业运营效率。

想要避免出现这种情况，企业可以尝试让高管团队在成员年龄、职能、兴趣爱好等方面多元化，实现方式主要有引入新成员、实施轮岗制等，这在保障高管团队长期稳定的同时，还能为其不断注入新鲜血液，有利于团队的年轻化。也可以让团队多接触新思想、新事物，比如，某航空公司的高管团队每年都要参加为期一周的集体训练，提高成员的挑战应对能力。

◆建立战略预测

移动互联网时代是一个高度不确定性的时代，而且随着新一代信息技术的应用程度日渐加深，这种不确定性仍在增加。这并非意味着变化都是不可预测的，有些变化，比如某种新兴业态的崛起是有一定规律的，企业的高管团队要善于找到这种规律，对外部变化保持敏锐的感知，从而及时制定有效的战略，对业务、流程等做出相应的调整。

让高管团队积极接触新事物，向优秀的企业学习借鉴，要比领导者独自苦思冥想有效得多，比如，美国施乐公司让高管团队前往日本、德国等拥有先进管理模式的企业中参观学习，并组织他们参与一系列的培训活动，最终打造出一支富有活力与创新力的卓越高管团队。

◆形成组织中的领导地位

让高管团队在组织中占据领导地位，能够提高团队推动变革的效率，为此，应该让高管团队在组织内部更为广泛的层级选拔成员，即便是和领导者相差三四个级别的优秀人才也要委以重任。这种做法具有以下两种优势：

（1）集思广益，运用多种视角、多种思维模式来为组织制定各种决策；

（2）发掘并培养能够引领未来的优秀人才。

美国康宁公司在组织内部建立了两个高管团队，其一是由 35 名优秀经理组成的公司政策团队；其二是由 120 名优秀经理组成的公司管理团队，这使得公司的决策能够顾及更多部门与层级的利益，可以在组织内部获得更为广泛的支持。

需要注意的是，习惯对人的影响是十分深远的，传统思维模式与管理手段在相当长的一段时间里对传统企业的发展发挥了十分关键的作用，很多管理者也因此形成了思维定式，因此，企业领导者必须引导高管团队不断学习新技能、新思维、新方法。

企业一致性与“集体行动”

现如今，团队管理日益受到企业的重视，并逐渐成为专业者重点研究的对象，其优势也被越来越多的企业领导者所知。在 20 世纪 80 年代至 90 年代，组织管理是最流行的管理模式，现如今，团队工作逐渐取代组织管理成为备受推崇的管理理念。据当下的发展趋势可以预测，未来，科层制将逐渐消失，以团队为单位的工作模式将大行其道。

近年来，“高层管理团队”这一课题吸引了大量专家、学者研究讨论，生成了很多有较强影响力的文献著述，但很多企业家对“高层管理团队”仍存在一些误解。比如，有些企业的高层领导认为，自己企业的高层领导都是各领域的佼佼者，基本上都以自我为中心，不能称为一个团队，也不会像团队一样开会。还有的企业领导虽然肯定了团队工作方式的可行性，但认为不值得花费时间与精力将高层管理人员打造成一个团队。

◆企业一致性

企业一致性指的是企业的目标与行为一致，而要想达到这种一致性，最好的方法就是创建一个真正的高层管理团队。但企业一致性并不代表企业上下全体员工要做同样的工作，而是指企业全体员工相互支持、齐心协力地达到企业预订的发展目标。

事实上，除了总裁个人的性格与行为之外，团队推行战略的方式及企业的运作方式还深受经理人的影响，包括经理人的性格、经验、行为等等。所以，企业高层管理团队的构建需要让所有高层管理人员的行为达到协调、统一，也就是让所有高层管理者建立一种共同的集体互动。从整体来看，这个过程包含三个主要因素，一是交流信息的质量与数量，二是合作行为，三是共同决策。也就是说，高层管理团队能做到行为协调就能做好资源、信息、决策的共享。

那么，该怎样判断高层管理团队的行为是否做到了协调统一？下面，我们通过分析两个不同的高层管理团队的行为来解决这个问题。

A 公司高层管理团队的行为不协调、不统一，B 公司高层管理团队的行为做到了协调统一。面对外部环境的变化，B 公司成功实现了组织的进化与变革，而 A 公司却遭受了巨大的损失（见图 6－3）。

◆“集体行动”

上述案例告诉我们，企业的高层管理群体都应该像 B 公司一样团队化，形成高层管理团队。当然前提是高层管理者必须有团队意识，认识到自己是团队的一分子。虽然这个问题看似简单，但实际上，很多企业的高层管理人员都存在职责不明、不稳定的问题。

其次，高层管理团队要有一个名称。仍以 B 公司为例，B 公司的高层

高管团队各自为政

A公司是一家大型医疗产品公司，主要经营三类产品，一类是牙科类产品，一类是外科类产品，一类是诊断类产品。从20世纪90年代初期到中期，A公司开始推行全球扩张战略，产品经营范围拓展到了斯堪的那维亚国家、美国、日本等国，但在这个过程中，A公司屡屡受挫。面对这种情况，这三类产品的负责人努力寻找失败的原因，最终发现是产品质量与制造成本存在问题。站在公司层面制定解决方案不是难事，难点在于负责每个产品系列的总裁表示，自己负责的产品出现了问题会自己解决。最终，所有的产品小组只做了些微改变，问题根本没有得到解决，公司业绩下滑趋势并未得到扭转。

在团队行为协调性调查中，评分标准为1~5分，A公司得分2.5分。相较于同期接受测试的其他公司来说，A公司的得分较低，根据调查，A公司负责各个产品系列的总裁与部分员工联系密切，但三位总裁之间互不相识，更没有相互交流的经历，所以相互之间的协作度非常低。虽然管理层有能力，但因为不能相互协作，没有构建起高层管理团队，没有形成集体行动能力，所以A公司最终被其他公司接管，损失巨大。

高管团队协同作战

与A公司相较，B公司做了一个正面示范。两个公司有一些相似之处，比如公司规模都很大，都有三条产品线，只不过B公司的三条产品线是教育类、商业类、工业类的出版物。

B公司新总裁上任时公司需求开展集体行动，实现资源共享。随着外部市场环境持续变革，这三类产品亟须在技术、经营方面进行变革。认知到这一点之后，在新总裁的积极努力，B公司建立了高层管理团队，三个产品相互协作共同推进公司变革。通过行为协调性调查，经理人得分3.8分，比中间值2.5分高很多，根据调查，该公司包括总裁在内的经理人相互协作，解决很多问题，共享了诸多信息，取得了极好的成绩。

图 6－3　A 公司与 B 公司的高管团队比较

管理团队叫作“Red Rock Committee”，即红石委员会，Red Rock 是他们第一次相聚的地方，在这里他们决定成立管理团队，所以用 Red Rock 为团队命名。

高层管理团队的职责不只是审批他人的工作，还包括开展自己的工作，比如发现问题、分析问题、解决问题等等。高层管理团队的成员每年至少要开展几次聚会，对企业现状、当下面临的问题、如何解决这些问题等内容进行深入探讨。A 公司每年只召集管理人员开两次会，每次半天，不能解决任何问题。而 B 公司每个月都会召集管理人员开会，而且内部还有任务组，管理人员可以经常见面。

要赋予部门经理人一些跨岗位的职责。特殊安排也好，固定安排也罢，部门经理人都要考虑企业的整体利益。另外，企业可以安排部门经理人轮值，或邀请曾在内部多个岗位有过工作经历的员工加入管理团队。

将部分经理人的激励工资与企业总体业绩绑定起来。无论经理人是否拿到激励奖金都要考虑企业的总体利益。另外，企业总裁要善于发现机会组织高层管理团队协作，保证团队可以按照既定的方式开展工作。

高层管理团队的协作性不是短时间内就能建立起来的，需要时刻培养，让高层管理团队成员养成实时协作的习惯。在外部市场环境发生重大变化时，管理人员要自发地相互协作、同舟共济。与其他所有的资源一样，行为的协调性必须事先投入很多资源，比如时间、金钱，等等。如果企业的高层管理团队不具备这种协调性，在面对重大事件时就无法采取一致行动，导致企业像 A 公司一样遭受“灭顶之灾”。

团队内部的冲突与管理

美国管理学会（Academy of Management，AOM）曾以企业中高层管理人员为对象做了一项调查，调查结果显示，管理者平均要用20%的时间与精力解决冲突。另外，据调查，在大多数企业家看来，在管理者必备的各项能力中，比如决策能力、领导能力、沟通能力等等，冲突管理能力是最重要的。现代企业管理运营的过程中经常爆发各种冲突，其中，高管团队的冲突影响最大，最需要及时解决。由此可见，现代企业必须做好冲突管理，妥善解决冲突，尤其是高管团队的冲突，以免给企业的整体绩效带来不良影响。

◆冲突管理与高管团队

管理学、组织行为学的专家、学者们对企业管理冲突有不同的见解，其中，美国著名组织行为学家斯蒂芬·罗宾斯（Stephen P. Robbins）认为，冲突是一个过程，这个过程的起因在于，A 非常关心一件事，而 B 却对这件事产生了消极影响，这种影响被 A 看到，冲突由此爆发。

管理决策学派的代表人物赫伯特·西蒙（Herbert A. Simon）对冲突做出了如下定义："组织的标准决策机制遭到破坏，导致个人和团体陷入难于选择的困难。"

国际冲突管理协会前主席乔斯沃德教授则认为："冲突是指个体或组织由于互不相容的目标认知或情感而引起的相互作用的一种紧张状态。"在乔斯沃德教授看来，如果一个人的行为影响到他人就会爆发冲突，而冲突不等于争吵和暴力。

近年来，管理学持续发展，很多观念与认知都不断更新，人们对冲突的认知也是如此。根据国外学者所述，人们对冲突认知的演变可划分为三个阶段，第一个阶段以传统观点为主，第二个阶段以人际关系观点为主，第三个阶段以相互作用的观点为主。

（1）传统观点认为：冲突都是消极的，会产生不良影响，这种观点往往将其与暴乱、破坏等词汇联系在一起，主张避免冲突，将冲突消灭在萌芽状态。

（2）人际关系观点认为：只要有人存在就会发生冲突，所以人们不应该设法避免冲突，而应该接纳冲突，让冲突变得合理。持这一观点的学者认为，彻底消除冲突不切实际，某些时候，冲突还可以提升工作绩效。

（3）相互作用观点认为：冲突会对企业管理产生积极影响，所以要鼓励冲突，但要将其维持在合理的程度，发挥其积极作用，让整个群体保持旺盛的生命力。

◆引发冲突的影响因素分析

根据乔斯沃德、罗宾斯等国外专家的阐述，引发冲突的原因有很多，大致可以分为三类：一类是沟通差异，一类是人格差异，一类是结构差异。这种归类比较笼统，不太适合我国的企业。曾经有业内专家对国内上百家大中型企业的高管为对象开展了一次问卷调查，最终发现是8种因素引发了冲突，具体分析如下（见图6－4）：

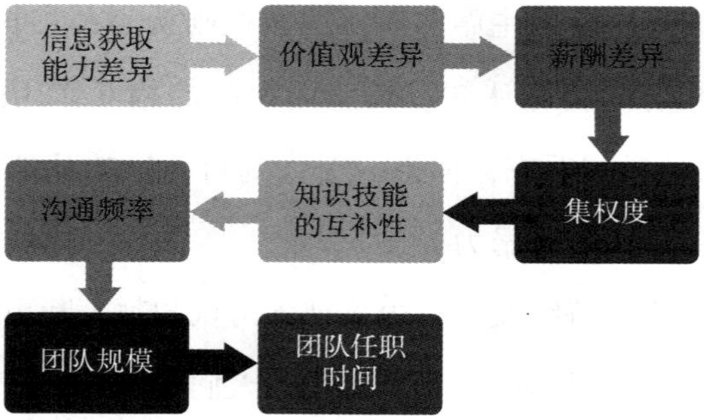

图6－4　引发冲突的影响的主要因素

（1）信息获取能力差异，即不同的管理者获取生产经营信息的能力不同。有的能力强，能获取大量信息，有的能力差，只能获取少量信息，这种差异经常引发任务冲突、过程冲突。

（2）价值观差异，即成员对组织任务、组织运行目标、组织行为宗旨、组织用人政策等内容的认知差异。这种差异非常容易引发任务冲突、关系冲突。

（3）薪酬差异，即团队成员之间的薪酬各不相同。有的高、有的低，导致团队成员产生不公平感，相互之间难以建立信任关系，从而引发关系冲突。

（4）集权度，即企业高层管理权力分配的集中程度。它关系着企业高管对企业的掌控程度。集权与分权相对，集权度高，企业没有活力；集权度低，企业决策容易混乱不堪，非常容易引发冲突。

（5）知识技能的互补性。如果高管人员的知识技能可以互补，就能提升战略决策效率与质量。如果企业在组建高层管理团队时没有考虑成员的技能掌握情况，即便有些成员具备良好的专业技能，也无法发挥出应有的效用，整个团队依然无法高效、高质量地解决问题。

（6）沟通频率。沟通频率低，相互之间无法建立信任关系，人际关系紧张，一个很小的事件就有可能引发剧烈冲突。高管团队成员大多是部门经理，工作繁忙，极少有时间相互沟通、交流，所做决策大多出于维护自己部门的利益，而不是企业的整体利益，经常爆发冲突，影响企业的整体利益。

（7）团队规模，即高管团队成员的数量。如果一个企业高管人员过多，就会出现严重的部门化管理现象，部门之间很难协作；如果一个企业的高管人员过少，企业就无法进行精细化、专业化管理，同样不利于企业发展。

（8）团队任职时间，即高管人员的平均任职时间。任职时间与冲突发生概率成反比。意思就是，高管人才任职时间越长，爆发冲突的概率就越小，反之亦然。

◆有效冲突管理的方法

企业高管团队的冲突管理就是正确看待高管团队的冲突，采取有效措施让所有冲突都保持良性，防止其演变为情感冲突，在最大限度上发挥冲突的积极作用，尽可能地减少冲突的负面影响（见图6－5）。

（1）冲突管理预警机制的构建

所有企业的高层管理团队都存在冲突，这是无可避免的，如果冲突

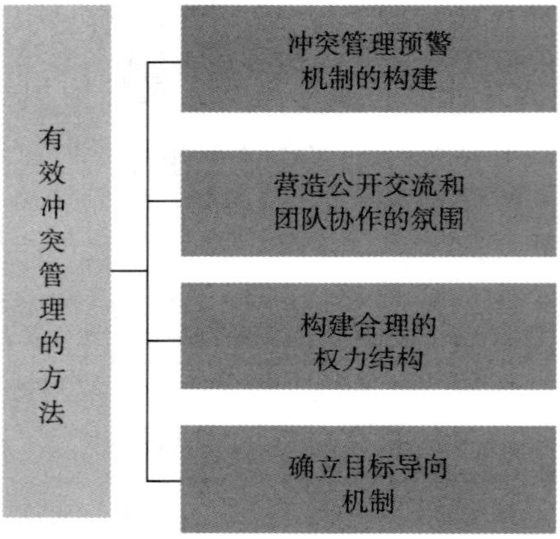

图 6－5　有效冲突管理的方法

严重而且得不到有效的解决，就会引发管理危机。为避免这种情况的出现，企业必须针对高层管理团队建立冲突管理预警机制。该预警机制的建立要遵循以下三大原则：

★对冲突的发展情况进行监测，分析冲突是否安全，观察冲突的发展趋势；

★监测冲突发生的内部环境与外部环境，了解企业高管人员所处的环境，分析这种环境对冲突的影响；

★创建冲突预警管理的评价指标体系，该体系应包含评价指标和预警指标。

除此之外，企业还必须建立预警部门，对高管团队现存的冲突进行全面分析，将分析结果提交给决策部门，由决策部门采取有效措施予以控制，以免冲突愈演愈烈，给企业带来不良影响。

（2）营造公开交流和团队协作的氛围

如果企业所有决策都要听从少数人的意见，企业高层管理团队就失去了存在的必要。所以，企业要营造一种良好的氛围促进交流与协作，通过公开交流鼓励高管团队的成员积极参与决策，统一他们的认知，通过沟通、交流解决问题，防止冲突产生。如果高管团队能明确冲突产生的真正原因是为了完成决策目标、提高企业绩效，他们就能正确地认知冲突，以积极的态度对待冲突，从而提高团队成员对决策的满意度。

（3）构建合理的权力结构

为了防止过度集权或过度分权，企业要建立合理的权力结构，为此，企业要做到以下两点：

★变革组织结构。传统企业采用的组织结构一般是直线职能结构，同级别的部门之间具有互逆协调性。具体来说就是，同一层级的人员相互独立，很难协调，很容易出现多头领导，经常诱发破坏性冲突。在这种组织结构下，要想避免冲突发生，上级领导要进行跨部门协调。基于这种情况，企业要变革组织结构，将直线职能结构转变为扁平化、网络化的组织结构，缩减管理层级，尽可能地以团队的形式开展工作。

★改变管理模式。过度集权与过度分权都会导致决策成本持续增长，决策效率不断下降。所以，企业必须变革传统的管理模式，实施知识化管理。企业采用知识化管理之后，企业信息传播成本将不断下降，对集权产生一定的制约，防止高度集权现象的产生。

（4）确立目标导向机制

高层管理团队要参与企业愿景、目标的制定。调查显示，一个高效的高管团队总能聚焦核心问题。如果一个企业的高管团队没有统一的目标，就会将大部分精力放在彼此竞争上，做出对公司不利的决策。相反，如果团队有共同的目标，就会花费更多时间和精力讨论如何实现目标、提升绩效。虽然这些高管在相关议题上持不同意见，但这些意见都对企业发展能够产生积极影响，不会损害企业的利益。

团队建设的"TOPIC 模型"

所有的企业管理者都会面临如何建设团队、增强团队凝聚力、提升团队绩效等问题。从理论层面来看，目前，国内外关于团队建设、团队管理的文章著述非常多，有的文章从团队发展阶段切入对团队管理问题进行研究，有的从团队动力角度切入进行研究。

下面，我们从建立信任、目标导向、管理流程、共同承诺、高效沟通五个方面出发，对团队管理策略进行探究。这五大要素统称为 TOPIC 模型（见图 6－6）。

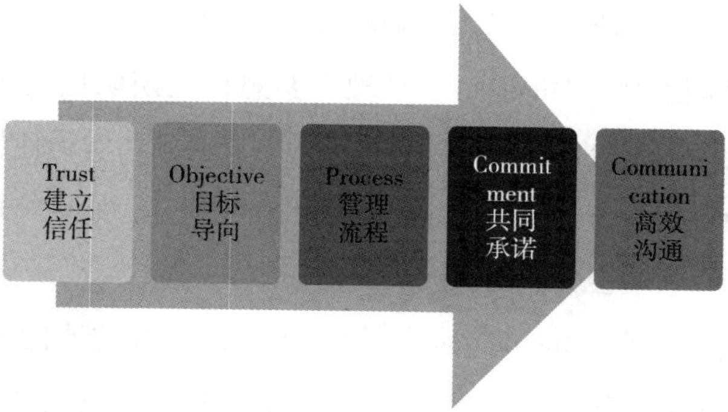

图 6-6　团队建设的“TOPIC 模型”

◆Trust：建立信任

团队建设与管理要建立在信任的基础上，如果团队成员相互信任，团队管理成本就能大幅下降。反之，如果团队成员互不信任，管理成本就会大幅增加。管理者对于团队信任的建设非常重要，为了做好团队信任建设，管理者要做好以下三点（见图 6-7）：

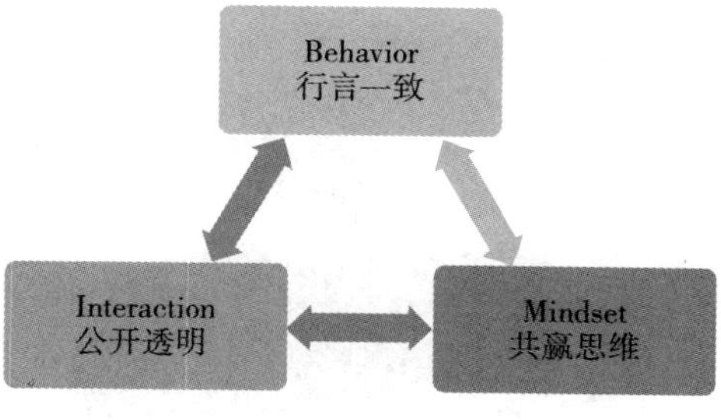

图 6-7　团队信任建设的三大重点

（1）行言一致（Behavior）。之所以将“行”放在“言”前面，就是因为大部分团队成员都非常注重管理者是否言出必行、行言一致。如果管理者没能做到这一点，就会失去团队成员的信任。很多时候，管理者的行为都是团队成员关注的焦点，他们总能通过管理者的行为获知管理者的真实意图，所以管理者必须做到行言一致。

（2）共赢思维（Mindset）。管理者要想调动团队成员工作的积极性，让他们为了团队目标的实现付出努力，就必须切实为他们考虑，以团队共赢为目标，而不能只关注自己或团队的利益。如果管理者只关注自身利益，很快就会失去团队成员的信任。

（3）公开透明（Interaction）。管理者要以公开透明的方式管理团队，团队成员之间的互动也要公开透明，只有这样，彼此之间才能建立信任。如果信息不公开、沟通不透明，团队成员之间就会相互猜疑，团队信任建设就无从谈起。

◆Objective：目标导向

要想整合团队成员的力量，让他们向着一个方向努力，管理者必须建立明确的目标，坚持以目标为导向做好团队管理。为保证目标科学、合理，管理者在制定目标的过程中必须做到以下三点（见图6－8）：

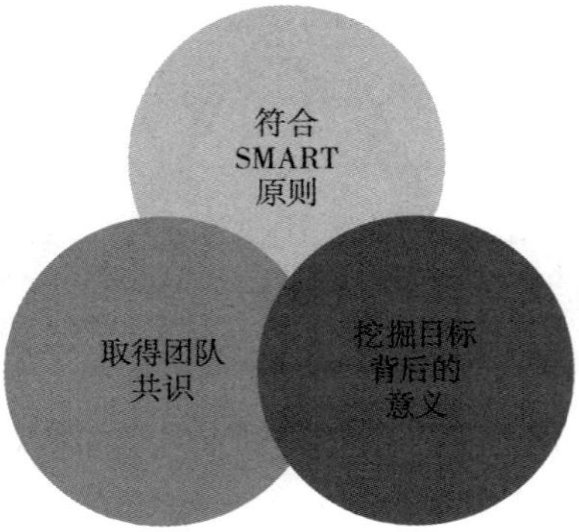

图6－8　目标制定的三个原则

（1）与SMART原则相契合，管理者要以SMART原则为参照制定团队目标，以便团队成员可以客观、全面地理解目标，为后期目标的执行提供极大的便利。

（2）对目标背后蕴含的意义进行深度挖掘，很多管理者都会忽视这一工作。诚然，将目标量化有很多益处，但如果努力工作的目的只是为了达到一个数字指标，团队成员很快就会失去工作热情。因为一个数字很难激发员工工作的积极性，但如果能让他们理解这个数字背后的含义，他们就会鼓足干劲，加倍努力。

（3）目标要得到团队成员的认可。只有让团队成员都认可这一目标，他们才会积极主动地执行管理者交办的各项任务。而一个目标要想获得团队成员的认可，就必须有意义。

◆Process：管理流程

只有在合理的管理流程的辅助下，管理者才能做出最科学的决策，提高团队运作效率。如果管理流程能持续优化，团队的运作效率、工作绩效就能不断提升。管理流程的优化可以通过 PDCA 管理循环实现，即先制定计划，然后分工执行，之后对过程进行检查，最后进行总结优化（见图 6－9）。

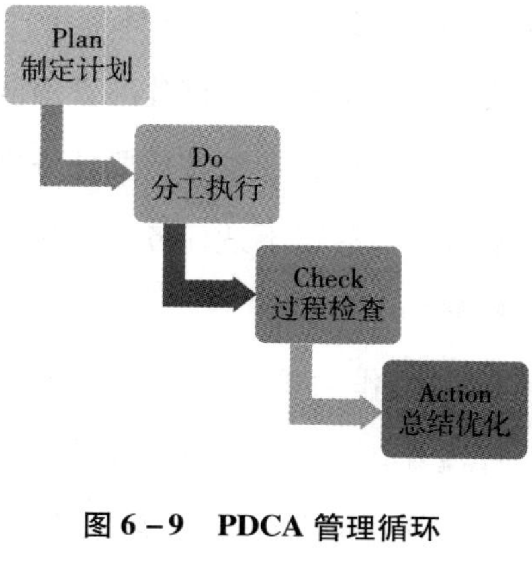

图 6－9　PDCA 管理循环

在流程管理的过程中，企业可以将PDCA循环与美国著名的管理学家，企业再造之父迈克尔·哈默（Michael Hammer）的流程再造理念结合在一起使用，也就是对流程中的增值环节与非增值环节进行有效管理，增加增值环节，减少非增值环节。另外，管理者必须明白，仅凭管理者一人之力很难做好流程优化，必须调动整个高管团队的力量。因为高管是流程的执行者，对于流程存在的问题有深刻感知，所以只有吸引高管参与流程优化，才能真正提升流程优化效果、管理效果。

◆Commitment：共同承诺

对于企业目标的达成、流程的优化来说，高管团队达成共同承诺至关重要。但让高管团队做出共同承诺并不容易。为激发团队成员做出承诺的意愿，管理者要做好以下四点：

（1）构建精诚合作、勇于承担的团队文化。高管团队成员的行为或多或少地会受到团队文化的影响，如果管理者能在团队内部建立精诚合作、勇于担责的文化，让高管团队成员认同这种文化，就能够顺利安排该项任务，保证各项工作都能有条不紊地展开。

（2）在前期做好铺垫，注重沟通。在日常工作的过程中，如果管理者突然发布一项重要任务，很有可能打乱高管团队成员正常的工作计划，难以被团队成员接受。所以，在发布重要任务之前，管理者要先进行铺垫，让大家有所准备，然后再下达任务、安排工作，这样任务发布与执行就能变得更加顺利。

（3）向员工说明该项工作的重要性以及工作开展可用的资源。在安排重要工作之前，管理者必须与高管进行充分沟通，让他们明白这项工作的重要性，以及工作开展需要哪些资源，现有哪些资源可用等等。

为了让员工全面了解任务的重要性，管理者在与高管沟通时要明白阐述三项内容：

★原因：为什么要做这件事？

★价值：做这件事能带来什么好处？

★风险：如果不做这件事将面临什么风险，遭受多大的损失？

（4）实时关注任务开展情况，了解任务进度，对高管进行激励、鼓励。管理者要对重要任务的开展保持高度关注，一方面可以让高管安心，另一方面可以及时解决任务开展过程中遇到的问题，保证任务顺利推进。在项目开展的过程中，管理者要定期召开例会，关注项目里程碑、节点。

项目完成后，管理者要及时激励高管团队成员，举办庆功宴、庆功晚会等，庆祝项目顺利完成。一方面，通过这种方式，企业能够让高管认识到自己的价值；另一方面，这种方式还有利于在高管团队内部形成精诚合作、勇于担责的文化氛围。

◆Communication：高效沟通

在高管团队管理的过程中，沟通贯穿前面四个环节，非常重要。为了让高管团队实现高效沟通，管理者要做好以下三点。

（1）激发沟通意愿：很多时候，高管不愿意沟通，不愿意发表意见就是因为没有安全感，所以，为了让高管做到“有话愿意说”，企业必须构建一个安全的团队氛围，让他们随心所欲地发表自己的意见，从而汇聚更多有效信息，保证决策科学、准确。

（2）有话直说，提高沟通效率。很多高管都喜欢兜圈子，很难切中问题的核心，不直入主题，导致这一问题出现的根本原因在于，高管对团队的信任度较低，害怕直来直去会引祸上身。为解决这一问题，高管团队必须增进信任，做到有话直说，提升团队的沟通效率，更快、更好地解决问题。

（3）让团队成员掌握更多沟通技巧。只有掌握了有效沟通的技巧，才能做到既解决问题、又不会影响彼此之间的关系。沟通技巧不是与生俱来的，需要训练，所以管理者要组织开展沟通技巧的培训活动，让高管人员尽可能地掌握更多沟通技能。

从“各自为政”到“团结协作”

企业在发展，外部环境也在不断改变，行业竞争态势不断变化，企业不仅要应对同行的挑战，还要面对跨行业冲击。在此形势下，高管团队的成员要一改往日各自为政的局面，精诚团结、守望相助、众致一心，增强凝聚力，共同应对挑战，推动企业实现可持续发展。

A 企业是一家致力于产品研发、生产、销售的上市企业，老董事长退休之后，原来的副总经理（原董事长的亲戚）继任，引发了原总经理及公司众多元老级干部的不满。为了稳固新任董事长的职位，老董事长邀大股东加盟，重构领导班子，但他这么做非但没能解决问题，还进一步激化了矛盾，导致企业高层形成三足鼎立之势。

之后，企业上市，大量资本涌入，高层内部三方力量的对抗越发激烈，一些中层领导、基层员工也受到了影响，企业内部矛盾持续激化，导致公司上下怨声载道，高层管理者之间的信任土崩瓦解。一些骨干员工不满于这种企业氛围愤然离职，出现员工流失、企业利润下降的问题，为完成业绩目标，企业不得不并购子公司，合并报表。另外，由于这家企业属于传统企业，在新的经济形势下本就危机重重，再加上内部矛盾的恶化，企业的盈利水平跌至历史最低。

在内外交困的形势下，高管团队的首要任务就是精诚合作、加强协作。按照传统做法，为增强团队合作，企业会明确各方职责与权利，对管理流程进行有效监控，对高管人员给予股权激励，完善、更新企业文化等等。但实践证明，这些方法收效甚微，而且管理者发现，仅从组织层面进行调整根本无法调和高管之间的矛盾，无法让高管成员之间建立毫无芥蒂的信任关系，而且职责划分越明确，彼此之间的矛盾越激烈。

团队是由人组成的，所以团队的问题就是人的问题，要想解决这些问题必须抓住人心，关注人的行为态度，消除人心的隔阂，形成情感认同，而不是仅依靠制度流程运作。

◆做好干部盘点

干部盘点是通过访谈、测试等方法对每一位高管的性格、能力、态度、管理风格等内容进行评鉴。干部盘点不仅能增进上级领导对高管人员的了解，还能让干部增进对自己的了解，做到懂人性、知人心。如果每位高管投放在自己身上的注意力多于他人，就不会再对别人指手画脚，挑三拣四。干部盘点有一个非常重要的环节，就是三方会谈。

三方会谈就是专家、上级领导、被盘点的干部（当事人）组成小组，从各个方面对干部进行分析、评价，以评价结果为基础进行反馈式沟通。如果三方会谈能顺利开展，就能发挥以下作用：

（1）在上级领导面前直接向当事人反馈评鉴结果，三方要对评鉴结果的公平性、客观性做出有效判断，若判断有误，三方可通过沟通予以纠正，从而对高管人员做出全面、客观的评价。

（2）在对当事人进行评价之后，要对当事人的优势进行总结，转移上级领导的关注点，即从总结过去转向放眼未来。所谓“知人者智”，就是要全面了解一个人，知道他擅长做什么，不擅长做什么，充分发挥其优点，而不是过度关注其不足。

（3）在收到评鉴结果之后，当事人要直接和上级领导交流，消除信息不对称、期待程度不对称等现象，消除误解与偏见，让彼此之间的关系更和谐、沟通更顺畅。

如果是团队建设后第一次进行干部评鉴，不应采用传统的干部评鉴方式。因为，传统的干部评鉴强调总结过去，清除不合适、不作为的干部，而团队建设过程中的干部评鉴是为了满足团队未来发展的需要，注重发现、挖掘干部的优势和潜能，发现所有成员的优点和潜能，将其优势充分发挥出来。无论是否进行评鉴、评鉴结果如何，只要不发生重大失误，其位置、职位就不会轻易变动。在这种情况下，团队建设中的干部评鉴就是要充分释放团队成员的能力，激发其主观能动性，实现个人价值的最大化。

◆团队成员有效配置，达到各就其位，各谋其政，各司其职

在统一认知、彼此有了充分了解之后，上级领导要对高管人员进行重新配置，根据其优点将其放到合适的岗位，充分发挥其能力。

干部盘点结束后，上级领导要根据评鉴结果，尤其是每位高管的优势与劣势重新对其职位进行调配，分拆重叠人员，补足缺失人员，调配对立人员，调整相似人员，保证所有高管人员都被安排到了最合适的岗位上。

在这个过程中非常重要的一点是，要综合利用虚实职务。总经理是实职，委员是虚职，比如战略管理委员一般会由具备战略思维、投资思维、产业思维之人担任，运营委员一般由具有运营能力的不同部门的负责人担任。有些管理人员有能力，但不能立即安排实职，就可以先安排一个虚职。只要能将高管人员的能力发挥出来助力公司发展，组织结构设置可以虚拟化、平台化，这也是企业未来的发展趋势。

◆树立良好的风气，保持有效的沟通

高管团队要养成学习习惯，让管理语言、管理行为实现统一，并形成认可他人、赞美他人的习惯。如果只有一两位高管人员这样做，他们很快就会被其他人同化，但如果整个高管团队都这样做，团队领导力的理念就会深入人心，就能逐渐形成良好的团队文化氛围。

如果企业的高管团队要转型，就要做好四个方面的内容，一是展望，二是精益，三是培养，四是包容，每一项内容都对应了一项领导力品质，展望对应战略思维，精益对应追求卓越，培养对应知人之智，包容对应与人为善，每一项内容都不可或缺，需要逐一强化。

那么这四项内容应如何强化呢？可具体到行为层面进行理解。

（1）展望

在团队建设的过程中，展望是一种非常重要的集体思维模式，通过展望可以创建团队愿景。展望提倡两个非常重要的行为，一是基于现实的乐观，二是百分之百投入。

想让企业梦想建立在基于现实的乐观的基础上，最好的方式就是分解战略。管理者不能一提及战略就追逐潮流、好高骛远，也不能囿于现实困境的束缚，不考虑长远发展。为了让所有的战略、规划都能落地实现，企业可创建战略落地会、战略质询会，将企业战略与高管的个人计划连接在一起，推动战略落地实施。

另外，要想让团队成员做到“百分之百投入”，就要将公司梦想与高管的个人梦想连接在一起，激发其工作热情。

（2）精益

精益意为精益求精、追求卓越。要想做到精益，高管团队的成员必须做到两点：第一，不指责、不抱怨；第二，权责明确，做好自己的分内之事。

在团队建设过程中，团队成员不相互指责、不抱怨是基本要求，只有如此，团队才能形成凝聚力。另外，在团队建设的过程中要定期组织召开民主生活会、谈心会，开展正向沟通，释放负面情绪，解决矛盾，消除纠纷，创造一个充满正能量的团队氛围。

为了避免出现团队成员相互指责的情况，有些公司创造了一些身体动作，一旦某人开始指责，对方就会做出这一动作，提醒他停止指责，平复情绪，开展有效沟通。经过一段时间的应用，团队成员养成了坦诚沟通的习惯，无形中化解了很多问题与矛盾。

（3）培养

培养的目标是做到“知人者智”，它有两个正向行为，一是表达对他人的欣赏与感激，二是关注共同的利益。团队建设的开端就是做好这两项行为，先表达对他人的欣赏与感激，然后换个角度看问题，消除误会，化解矛盾。

在团队建设过程中，企业的团队管理者经常犯本位主义错误，即过度关注个人利益和小团体的利益，其结果就是各自为政，难以形成团队观和大局观。通过探讨什么是团队共同利益，实现团队共同利益对自己有何好处，能统一高管看问题的视角，将关注点从个人利益转向团队利益。

（4）包容

包容就是与人为善，倡导两个行为，一是让团队成员产生归属感，二是遵守所有约定。

为了让高管团队的成员产生归属感，企业可以开展“一伙人，一条心”的团队教育活动，以团队为基本单位设定活动目标，根据团队成绩进行奖励与惩罚，鼓励高管团队的成员参与制定规则，从而保证高管团队的成员自觉遵守规则。

对于上述四项内容、八个行为特征，企业可以在一个月之内做到两点，坚持五六个月就会形成团结、和谐、友好的团队氛围。

CHAPTER 7
正向激励：全面释放员工的潜能

激励机制的概念与运行模式
我国企业激励机制存在的问题
构建全方位的员工激励体系
知识管理时代的学习激励机制
基于人本理念的激励管理制度
考虑个体差异，实行差别激励
员工自我激励机制的实现路径

激励机制的概念与运行模式

在一家初创企业成长为一家大型企业的过程中，初期企业规模较小，层级有限，管理难度较低，然而随着规模逐步扩大，企业内的层级与部门日渐增多，其管理则有赖于完善的规章制度。但随着企业进一步发展，仅用规章制度管理是远远不够的，还需要借助文化管理。理想的企业管理既包括管理层的管理，又包括员工的自我管理，企业的激励机制也应该如此，要让员工在受到管理层激励的同时，又能促使他们进行自我激励。

在构成企业的一系列要素中，人是核心要素，企业的经营活动都是需要人来落实的，想让员工高质量地完成工作任务，企业不但要为其提供设备、数据等必要资源，更要激发其积极性，用积极性促使员工追求卓越。

以人为本是现代企业管理应该坚持的一项基本原则，它能回答如何释放员工的活力与创造力、如何吸引并留住更多的优秀人才、如何培养员工的主人翁精神等诸多问题。当然，以人为本是一个较为宽泛的概念，企业在经营管理过程中，需要在建立完善管理体系的同时，加强员工的自我管理，利用系统化、规范化的激励机制，充分释放员工的潜能，提高员工的忠实度，增强组织的凝聚力与战斗力。

《世界经理人》杂志曾经进行的一项以“中国企业的十大管理难题”为主题的调查活动显示，“如何激励并留住人才”是中国企业面临的最大难题。更好地激励员工应该是企业永恒的追求，实践证明，想要创造一家卓越的企业，就要让组织成员具备自我管理、自我激励的能力。

◆激励和人的行为模式

激励是要激发并鼓励，是管理的重要内容，企业管理是让组织成员更为高效、低成本地完成组织目标，而激励是给予组织成员完成这些目标的心理动力，提高其积极性与创造力。

在心理学中，激励是通过强化激励对象对某种事物的追求，来提高其动力和积极性。在管理领域，激励强调通过对激励对象进行外部刺激，使其自觉完成管理目标，尽可能地提高其工作热情。

激励能够有效激发员工的创造力，从而为企业的产品与服务创新提供巨大推力。创新能力也是衡量一家企业市场竞争力的重要指标。与此同时，激励能够释放员工的潜能。科学研究表明，在缺乏激励的工作环境中，员工只能发挥出20%～30%的潜能，在激励充分的工作环境中，员工则能够发挥出80%～90%的潜能，他们创造的价值将成倍增长。

在设计激励机制时，企业应该让员工意识到，按照组织期望的方式方法完成工作，能够获得物质与精神方面的奖励，从而促使员工自觉做出符合企业利益的决策与行为。

想要设计出这种激励机制的管理者需要对员工的行为模式有深入的认识，明晰员工行为产生的原因及可能造成的影响。员工的行为模式是一项从需要（通过一定诱因予以强化）到动机，再到行为，再到目标，然后产生新的需要的不断循环的过程。

◆激励机制的重要性

科学合理的激励机制能够统一员工、管理者及企业的目标，实现多方共赢（见图 7－1）。

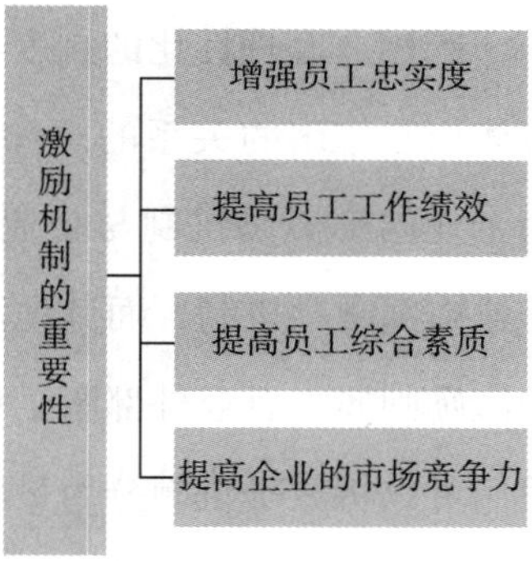

图 7－1　激励机制的重要性

（1）增强员工忠实度。为企业吸引并留住优秀人才。在自由、平等被人们越发重视的背景下，完善的激励机制是企业吸引并留住人才的重要保障。

（2）提高员工工作绩效。影响员工工作绩效的因素并非只是员工的能力，员工受激励的程度也非常关键。受到激励的员工更为积极乐观，遇到问题时会主动尝试用各种方法予以解决，而激励缺失的员工容易消极散漫，得过且过。

（3）提高员工综合素质。激励对象想要获得物质或精神奖励，需要在业绩、态度、行为等方面表现得更为优秀，从而促进员工的全面发展，形成人人奋进的优良组织氛围，提高员工的综合素质。

（4）提高企业的市场竞争力。完善的激励机制使企业能够储备大量优秀人才，而人才是决定企业市场竞争力的重要因素，有了优秀的人才，企业才能不断推陈出新，在单位成本内为用户创造更多的价值，使企业获得更高的利润。

◆激励机制的概念和运行模式

激励机制被定义为“利用一套理性化的制度来体现激励主体通过激励因素或手段和激励客体相互作用的关系的总和”，从企业层面上，我们可以将激励机制分为企业内部激励机制与企业外部激励机制两大类。企业自身的激励属于企业内部激励机制，而其他激励，比如政府、合作伙伴、用户等对企业的激励则属于企业外部激励机制。

从员工层面上，我们可以将激励机制分为员工内部激励机制和员工外部激励机制两大类，需要明确的是，激励机制中既含有激发、鼓励的内容，也含有约束、惩罚的内容。

在企业管理实践活动中，激励机制的运行模式主要包括以下几个步骤：

（1）双向沟通。管理者获取员工性格、能力、综合素质、需求、职业生涯规划等方面的信息；员工获取组织战略目标、企业文化和价值观、奖惩内容、规章制度、绩效考核标准等。双方需要开诚布公，这样才能确保激励机制符合双方利益，并促使激励机制得以真正落地。

（2）激励主客体各自采取一定的行为。管理者为员工分配合适的岗位及工作任务，明确阶段性目标及考核标准，并引导、监督员工工作；员工按照相关要求，结合自身的能力、习惯等采用一定的方式方法开展工作。

（3）阶段性评价。管理者结合具体的工作任务，以周、月、季度等为单位对员工进行阶段性评价，考核其工作成果，并给予反馈，以便双方做出一定的优化调整。

（4）年终评价，分配奖酬。管理者对员工一年的表现进行考核，同时，员工要对一年的工作做出总结，企业则在此基础上进行奖酬分配。

（5）对比，深入沟通。员工可以将自己的奖酬和上一年度或者和其他组织成员进行对比，并和管理者进行深入沟通，为双方后续合作过程中的高效协同配合奠定坚实基础。

我国企业激励机制存在的问题

国内经济改革进入深水期、经济全球化背景下产业竞争进一步加剧等因素，使长期粗放式发展的国内企业陷入发展困境。

南京某家有着十多年发展经验的塑料制品公司，主要为汽车、家电厂商提供塑料制品配件，公司的员工数量超过了1000人，是当地的纳税大户，领导者虽然认识到了家族式管理造成的一系列负面影响，也在尝试学习先进的管理模式，但仍无法解决企业面临的很多痛点：

★企业缺乏规范性，员工缺乏工作热情；

★员工满意度较低，组织稳定性不足；

★员工工作问题层出不穷，又不愿意主动改善。

之所以出现这些情况，和企业缺乏完善的激励机制存在直接关联：

★管理者激励意识与员工自我激励意识不足，缺乏有效的指导方法；

★未能建立一套完善的激励机制，考核与奖酬分配方式不规范，管理者主观因素的影响过多；

★缺乏方便快捷的沟通渠道；

★没有为管理者的激励和员工的自我激励提供相应的软硬件设施。

◆从制度的层面分析

（1）以物质和短期激励为主，对精神和长期激励缺乏足够重视

大部分国内企业将薪酬激励机制等同于企业激励机制，无法通过满足员工对成就感、荣誉感等的精神需求来激励员工。同时，企业管理者缺乏分享精神，不愿意采用股权激励等中长期激励手段，难以实现长期激励。此外，企业在培养员工方面的投入不足，认为自主培养员工需要耗费过多的时间成本，更倾向于从外部引进人才。

（2）激励方式单一，缺乏针对性

企业对不同岗位、部门、层级的员工采用同样的激励方式，而且不考虑员工的能力、需求、性格等信息，导致奖酬内容和员工的期望不匹配，影响了员工积极性的发挥。

（3）薪酬体系不合理

企业按照入职合同确定员工的薪资待遇，而不能根据员工的实际绩效表现对其薪酬待遇进行调整，或者虽然将员工绩效和薪酬待遇关联起来，但缺乏合理的考核机制，让员工认为受到了不公平的对待。虽然部分企业在员工考核方面进行了创新，引入了目标考核、关键指标考核、360度考核等新型考核方式，但在考核过程中，管理者和员工缺乏深入沟通，考核仅流于表面，根本不能达成提高员工绩效的预期目标。

◆**从机制运行的层面分析**

（1）重口头、轻行动

很多国内企业虽然建立了激励制度，但并未将其真正落地。尽管企业将“以人为本”“重视人才”等作为口号，但企业对员工并未给予足够的重视，管理者仅将其作为完成任务的工具，认为是企业为员工提供了工作机会，员工应该好好珍惜，却没有认识到员工是企业生存发展的重要基础。

（2）重形式，不注重激励效果的反馈

激励机制运行流于表面，不重视或者根本没有设计激励效果反馈机制。管理层不了解激励的实际效果，从而影响了对激励机制的优化完善。

◆**从环境的层面分析**

（1）未提供能够充分激励员工，以及使员工自我激励的组织环境。

（2）等级森严，不平等、不透明、不公平等，导致员工产生大量负面情绪。

（3）缺乏高效便捷的沟通渠道。

（4）未能将“以人为本”融入管理制度与文化建设之中，无法让员工感受到温暖和关怀。

（5）缺乏规范性，奖惩行为充斥着管理者的主观色彩。

上述激励机制问题在国内企业是普遍存在的，这些问题的存在导致员工难以对组织产生信任，无法全身心地投入到工作之中，再加上领导者急功近利的浮躁心态，使企业根本不能形成核心竞争力，导致国内企业的平均生命周期明显低于美国、日本、德国。《财富》杂志发布的数据显示，中国中小企业的平均寿命仅为2.5年，集团企业的平均寿命仅为7～8年，而美国中小企业和集团企业的平均寿命分别为将近7年、40年。

设计科学合理的激励机制，切实保障其高效稳定运行，加强管理者对员工的激励以及员工的自我激励，将是增强民营企业的重要手段。虽然民营企业在资金、人才等方面处于一定劣势，但这些企业在分配及所有关系上拥有较大的自主权，在设计激励机制并促进其实施方面有较高的灵活性。

激励机制的建立与完善绝非是一件简单的事情，它涵盖了企业经营管理的方方面面，并非仅是管理层的工作，而是需要所有组织成员的共同努力。同时，企业要注重文化建设，利用组织成员对企业文化与价值观的认同，让员工自主激励，而不是用条条框框约束他们。

构建全方位的员工激励体系

对一个组织而言，激励机制运行的理想状态应该是员工外部激励和内部激励充分结合，在管理层对员工实施激励的同时，员工也能进行自我激励，同事之间又能相互激励，从而建立一种全方位的员工激励体系，使组织长期保持旺盛的活力与生命力。

设计激励机制解决方案，不能简单地将几种激励方式糅合起来，而是要充分考量不同激励方式组合后产生的激励方向与激励效果，根据企业的实际情况与激励主客体的需要做出灵活选择。在方案落地阶段，不能任由其自主运行，而要不断进行控制与调整，争取以较低的成本实现激励效果最大化。

◆全方位激励体系的主要内容

事实上，想要对员工进行充分激励，并没有捷径可走，也没有一套适用所有企业的激励机制模板。另外，激励效果受多种因素的影响，企业需要设计和组织环境与主客观条件相适应的制度、方案、方式方法，最终达成预期目标（见图7－2）。

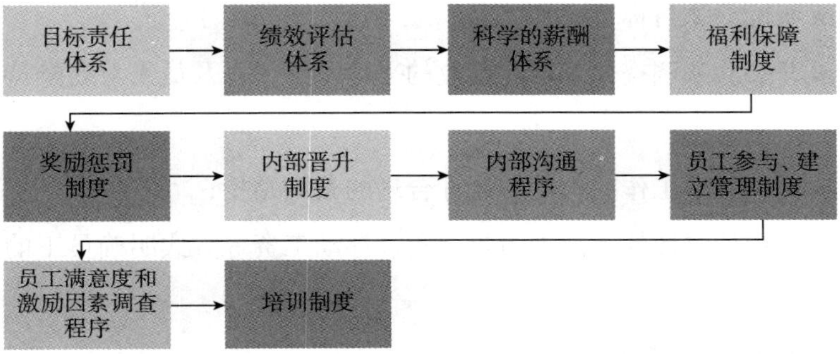

图7－2　全方位激励体系的主要内容

（1）目标责任体系

确定科学合理的目标能够为组织成员指明前进方向，也为责任界定、绩效考核提供了依据。

（2）绩效评估体系

绩效管理由绩效定义、绩效评估、绩效监控、绩效反馈等多个环节构成，是一个涵盖了管理者为员工设定工作目标与内容、提高员工能力与综合素质、对员工进行监督考核及奖励等内容的复杂过程。而绩效评估是绩效管理的关键组成部分，其实施在对员工工作成果进行肯定的同时，又为奖酬分配提供了依据。

（3）科学的薪酬体系

科学的薪酬体系是公平、公正的直接体现，如果薪酬体系不合理，勤劳员工的付出得不到回报，懒散员工却因为制度漏洞获得远超过其付出的回报，是会严重打击前者积极性的，整个组织将毫无战斗力。同时，很多企业过度强调平均主义，做多做少、做好做坏都得到同样的报酬，此时员工自然不会努力工作。

科学的薪酬体系应该能够根据不同员工的实际情况，为他们确定差异化的个人薪酬，具体步骤为：

★明确薪酬目标；

★开展薪酬调查，了解同行业的平均水平，以及员工对薪酬待遇的期望；

★评估各项工作的价值，设计合理的薪酬结构；

★利用计时计件、岗位绩效工资、浮动工资等方式明确员工的个人薪酬。

（4）福利保障制度

一方面，《劳动法》等法律法规中对基础性的福利保障进行了明确规定；另一方面，福利保障也有助于吸引并留住人才。

（5）奖励惩罚制度

奖励是激励员工最为简单有效的手段，包括物质与精神奖励两大类，同时，对那些态度散漫、违反规定的员工也要进行惩罚，这样那些认真工作的员工才能感受到公平。

（6）内部晋升制度

完善的内部晋升制度，能够为积极奋斗的员工提供一个清晰的职业生涯发展路径，也为人才的公开透明选拔与晋升提供了依据。

（7）内部沟通程序

想要成功激励，就要深入了解员工的真正需求，为想要获得实物的员工提供实物奖励，为想要精神的员工提供荣誉奖励。而和西方人相比，中国民众较为委婉、含蓄，不愿意直接表达内心的真实需求，在这种情况下，进行深入的沟通就显得十分关键。

（8）员工参与、建立管理制度

让员工能够参与到管理决策中来，为他们提供方便快捷的反馈渠道，对于员工提供的反馈意见，无论正确、错误，管理者都应该及时做出回应，鼓励员工多提供反馈建议，对于那些提供优秀创意、想法的员工，企业还应该给予一定的奖励。

（9）员工满意度和激励因素调查程序

对员工进行激励的过程中，增加那些有助于提高员工积极性的因素确实非常关键，但同时还应该消除那些降低员工积极性的因素。企业可以通过开展员工满意度和激励因素调查找到这两种因素，从而有针对性地采取有效措施。

（10）培训制度

培训确实会增加企业的经营成本，但它也能提高员工为企业创造价值的能力，实践证明，投资员工是高收益、低风险的，只不过投资回报周期较长。在培训内容方面，企业不应该仅注重提高员工知识与技能，还要让员工了解自我激励的意义、方式方法等。

◆企业激励制度的主要原则（见图7－3）

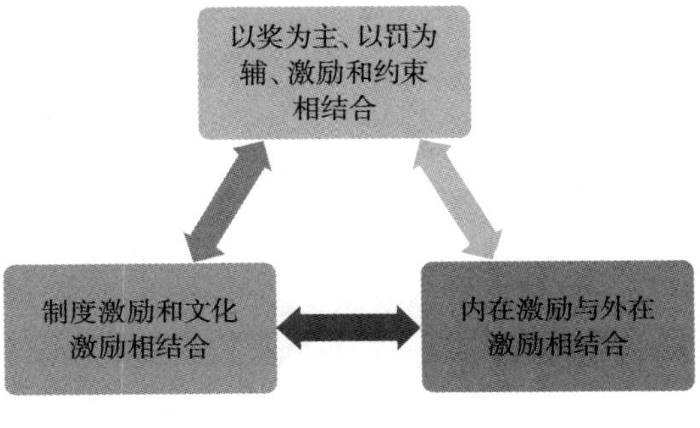

图7－3　企业激励制度的主要原则

（1）以奖为主、以罚为辅，激励和约束相结合

所有管理者都应该明确的是，惩罚绝非是目的，它不是用来阻碍员工获得较高薪酬的手段，而是对员工进行引导、规范，最终目的还是要释放员工潜能。所以，企业应该以奖励为主，惩罚为辅，在这个过程中还要结合员工内心的期望与承受能力。另外，奖励要尽可能地迎合员工需求，惩罚要避免超出员工的承受能力，否则只会适得其反，严重打击其信心。

（2）内在激励与外在激励相结合

内在激励主要是工作本身创造的价值，比如，为顾客提供优质服务后收到顾客赠送的礼物，帮助顾客解决问题后，顾客表示谢谢等，这会对员工产生长效激励。而外在激励是工作外部产生的激励，比如，公司组织员工参与娱乐活动，使员工心情愉悦，提高其工作效率，这种激励效果是短期的。

（3）制度激励和文化激励相结合

激励机制属于企业规章制度的范畴，是显性的，这种机制的实施能够影响员工的自由，而企业文化则是隐性的，其实施在无形中影响组织成员的行为与决策，不易引发员工的抵触情绪。通过企业文化激励员工正是那些百年企业的长寿秘诀之一。

知识管理时代的学习激励机制

知识经济时代下，知识对企业的重要程度不断提升，知识管理模式应运而生。运用知识管理模式，企业能够对组织成员的知识（包括显性知识与隐性知识）进行深入发掘及管理，实现组织内部的知识资源共享，并引导组织成员进行思想的碰撞融合，不断创造出新知识，推动企业不断发展壮大。同时，企业能够在这个过程中建立企业知识库，避免员工的流动损害企业的日常运营，确保企业的稳定性。学习激励机制是针对知识管理模式设计出来的一种新型激励机制。

由于组织成员在生活经历、受教育程度、家庭背景等方面存在差异，其拥有的知识也明显不同。怎样才能将这些复杂、散乱的知识整合成为能够为企业创造价值的知识资源，并且让组织成员在思想交融中创造新知识，是企业实施学习激励机制乃至进行知识管理的终极目标。

现阶段下，企业组织成员在知识共享和创新过程中面临着许多痛点，以下两个痛点尤为严重：

（1）知识拥有者对知识的垄断

知识创新的成本与风险相对较高，而且其回报有较高的不确定性，知识拥有者为了保障自身的优势地位，提高知识回报，而不愿意对知识进行分享。

（2）员工的学习能力水平低

知识与实体物品不同，拥有者对知识尤其是隐性知识进行分享后，其他人要经过一定的学习才能掌握。学习的过程会涉及知识的转换与创新，是一个人与环境相互作用的过程，而员工积累的人生经验和认知模式是影响员工学习能力的主要因素，这就导致员工学习能力参差不齐，阻碍知识共享与创新。

虽然很多企业在员工学习知识方面投入了大量资源，但管理者应该明确的一点是，只依靠企业培训促进成员的知识学习是远远不够的，还要让员工在日常工作与生活中自主学习，所以，企业在设计学习激励机制时也应该充分考虑这一方面。

学习激励机制是围绕如何促进组织中的个人成长而设计的一系列激励措施。企业需要让个体成长和组织发展相结合，通过为组织成员提供平等、科学、有序的发展平台，促使个体不断进行自我反思、总结，变革传统思维模式，掌握新的学习方式方法，对自身的知识体系持续丰富完善，逐渐将组织人才培养成高级人才。美国哈佛大学教授大卫·加尔文（David Garvin）将组织学习分为系统地解决问题、试验、从过去的经验中学习、向他人学习四类。从整体来看，学习激励机制主要包括以下三种方式（见图7－4）：

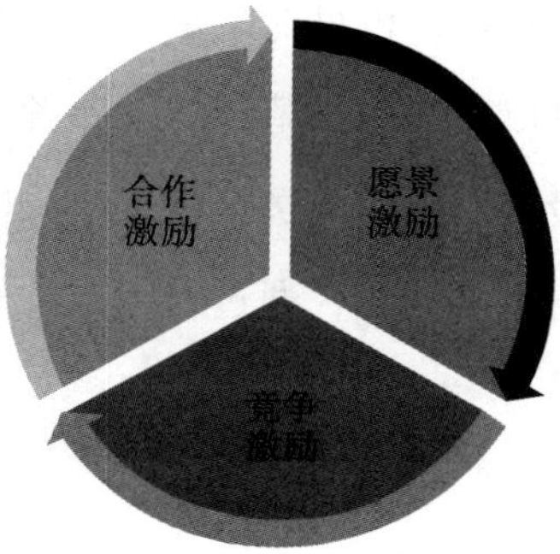

图 7-4　学习激励机制的三种方式

◆愿景激励

愿景是指，个人及组织对未来发展预期的想法，这种意象或景象能够影响个体及组织的行为与决策。对于个体而言，个体拥有清晰而明确的个人愿景时，将获得为实现该愿景而努力奋斗的动力，推动其实现自我价值。对于组织而言，当组织拥有清晰而明确的组织愿景时，将会有效提高组织凝聚力，加强成员之间的沟通协作，发挥愿景对组织运行中方方面面的影响，对组织成员的行为进行规范与引导。

企业要在内部实施学习激励机制。管理者要明白，设定统一的组织愿景能够有效促进组织成员的学习，因为它为个体思考与行动提供了方向和动力。在愿景模糊或者根本没有愿景的情况下，组织成员的学习更多的是“适应型学习”，学习主动性较差，而且不愿意思考总结。而统一的组织愿景能够将个体和组织的长期目标相结合，引导组织成员实现更高的自我价值，激发其创意与灵感，通过开展一系列创新活动攻坚克难。

愿景并非是一成不变的，组织在不同的发展阶段，也应该对自身愿景进行有效的调整。在强调自由、平等、开放的现代企业中，推动愿景革新的，可能是企业领导者，也可能是奋斗在一线的营销人员，也就是说，所有组织成员都可以成为愿景革新的主导者。当然，这需要企业做好组织的信息系统建设，为组织成员提供方便快捷的双向沟通渠道，便于组织在传播推广其愿景的同时，通过组织成员的交流沟通对愿景进行革新。

◆竞争激励

在学校、培训机构等教育机构中，通过竞争来激励学生或学员学习的方式被广泛应用，各类考试（小到班级小测，大到年级甚至区域考试等）都能够体现这一点。然而在传统企业组织内部，不同岗位之间的工作内容存在一定差异，竞争相对较少，再加上企业的管理缺乏人性化，员工被视作某种工具，其工作热情很难被激发出来。

日本佳能在利用竞争激励方面的做法十分值得我们借鉴。佳能公司会组织员工采用多种方式方法完成同一个项目，然后以不同团队进行辩论的形式，让员工对各种方式方法的优劣势进行总结，群策群力找到最优解决方案，促使组织成员从多种不同的角度来思考问题，为满足用户的个性需求奠定坚实基础。

企业让组织成员进行竞争的目的不是为了打败其他组织成员，而是为了让组织成员相互激励、相互学习，避免企业严重内耗。日本佳能公司让多个团队同时开发复印鼓，最终不但成功开发出了低成本、可更换的复印鼓，而且在开发过程中创造出了很多新技术。不久，这些技术被应用到了公司办公自动化的多个领域，使佳能从一家照相机品牌商转型为办公自动化企业。

◆合作激励

虽然很多知识是通过某位先驱的思考、分析得到的，但知识并不完全归属于个体。日常生活中人们强调的科学知识，是科学家群体创造的。他们经过反复的研究论证，给出各类事物的定义、机理等，在这个过程中充分体现出了合作的价值。组织学习同样如此，本质上，合作伴随着分工，个体要对合作伙伴承担一定的责任。即便是非正式合作，如果企业没能完成自己的工作，就算合作伙伴不会责怪，管理者自己也会良心不安，也就是说，合作能够促使企业提高学习积极性，推动知识创新。企业内部的合作形式通常包括两类：

（1）项目开发团队。这类合作形式会有一个统一而明确的项目目标，团队需要对项目结果负责。有些团队是同一个部门的成员组成的，有些团队则是跨部门团队。项目结束后，跨部门团队通常会解散，开发新项目时，再重新组织合适成员。由于不同组织成员工作经历、受教育程度、知识体系等存在一定的差异，能够在团队合作过程中相互学习，共同进步。

（2）非正式社群。企业非正式社群的成员往往有着共同的兴趣爱好，能够通过交流分享各自的观点、经历等，共同提高在某一领域的知识或技能。社群成员可能属于不同的部门、层级，甚至只是在线上交流，根本不知道对方的具体身份。但共同学习、成长所带来的快乐，使他们对社群逐渐产生依赖感。

非正式社群有较高的自由，成员相互平等。比如，一家 IT 企业的非正式社群通常是编程等技术社群，其成员都是开发者，社群中不存在有领导者和基层员工之别，为了让社群成员畅所欲言，大部分领导者会尽可能地隐藏自己的身份。在工作岗位上，员工可能会感受到各种压力，但在非正式社群中，员工不但不会感受到压力，反而能够释放压力，充分发挥自身的潜能。

团队合作不但让组织成员得到了一个促进自身不断发展的优良平台，还能为其提供归属感，是他们认可企业文化与价值观，实现个体目标和组织目标的有机融合。想要更好地发挥上述三种激励力量，企业就应该建立完善的知识激励机制，奖惩结合，为知识创造、共享与应用提供强大推力。

基于人本理念的激励管理制度

人性回归是不可阻挡的时代趋势，如今，将“以人为本”的理念融入激励体制建设之中已成为企业必然选择。人的管理是企业管理中的一项基本也是核心内容。人的管理出现问题，将给现代企业造成致命的打击，所以，越来越多的企业开始在开展组织经营管理工作的过程中遵循“以人为本”的原则，从满足组织成员需要的角度进行激励机制建设，人本管理理论强调，企业要将“人”视为管理的基本要素，从人的视角出发，激发人的主动性、创造性、积极性，推动人与企业的共同发展。“员工第一”是人本管理的具体体现，它明确了员工是企业根基和灵魂的重要地位，而激励机制的设计与实施需要重视、尊重员工，为员工实现愿望、自我价值等提供公平公正的平台，满足员工的物质与精神需要，支持员工的发展与成长，培养员工的主人翁精神，将企业的管理从之前的员工被动接受型管理转变为主动参与式管理。

有效激励的关键点在于满足员工的个性需要，尤其是其迫切需要。

企业想要对员工产生良好的激励作用，就必须深入分析员工的具体需求，比如，需求属于何种层次、紧迫程度如何等。另外，员工的需求是不断变化的，管理层必须和员工保持密切的交流，针对员工需求的变化对激励机制不断进行优化与完善，最终建立一套系统化的长效激励体系。

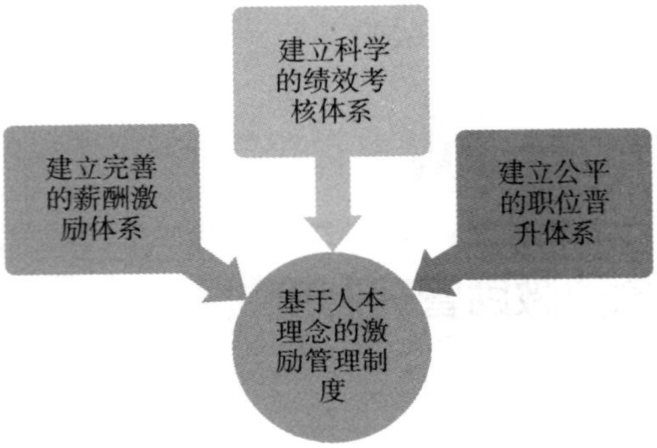

图 7－5　基于人本理念的激励管理制度

◆建立完善的薪酬激励体系

根据马斯洛需求层次理论，人的基本生存问题得到解决后，才会去追求自我实现、荣誉感等更高层次的需求，而薪酬是员工及其家庭生存的重要保障。这就要求企业要建立具有一定领先优势的奖金福利制度，为员工及其家庭过上稳定的生活提供物质保障。实践证明，较高的薪酬待遇是员工衡量组织对自身重视程度的重要指标，它可以激发员工的工作热情，肯定了员工为企业创造的价值，既是员工付出劳动应该得到的回报，也是组织对员工未来价值的期许。

对于薪酬结构的设计，除了基本工资外，企业还应该提供奖金，促使员工通过努力实现更高的自我价值，让员工获得更多的满足感与成就感，激发其动力与热情，推动产品与服务创新。此外，企业还应该为员工提供一定的福利，如带薪休假、餐补、房补、交通补等，提高员工的满意度，及其对企业建立信任感与忠实度，并激发其主人翁精神。

◆建立科学的绩效考核体系

建立完善的绩效考核体系是企业经营管理过程中的一项重要工作，它是对组织成员工作成果进行考核的有效工具，也为员工的日常行为与工作提供了有效指导。完善的绩效考核体系，可以释放员工潜能，提高企业的资源利用效率，是企业长期稳定发展的重要保障。

对员工进行绩效考核，也是企业管理公平、公正、透明的体现。考核后，创造更多价值的人将得到更高的回报，而没有完成岗位规定工作的人则会受到一定的惩罚。科学的绩效考核结果应该以员工一定周期内的工作分析报告的形式呈现，而不是一个简单的评分，要促使员工发现自身的优势与不足，巩固优势的同时，不断改正缺点。

◆建立公平的职位晋升体系

被他人尊重、认可、赞美等精神需要是人较高层次的追求。而随着购买力的提升，及消费观念的改变，人们对这些高层次需求的重视程度不断提高，因此，企业也应该从这一角度着手对员工进行激励。公平的职位晋升体系则是实现这一目标的有效手段。

当然，这需要管理者对员工的兴趣爱好、目标、职业生涯规划等有较为清晰的认识，在此基础上让员工可以找到清晰而明确的晋升路径，引导、鼓励员工不断奋斗，满足其更高层次需求，并为企业创造更多的价值。

激励策略是十分多元化的，比如，倾听员工声音、邀请他们参与决策制定、组织员工参加线上线下活动等，策略本身并没有优劣之分，关键在于要适合员工。

不同企业在规章制度、管理模式、价值观等方面往往存在一定差异，再加上管理层个人偏好等因素的影响，导致不同企业的激励措施也会有所不同。但无论采用何种激励措施及其组合，都不能急于求成，用力过猛，否则只会产生反作用。同时，管理者要敢于创新，服务于企业的战略目标，切实保障激励策略的落地执行。

激励员工是企业的长期追求，虽然科技、资金、品牌等在企业构建核心竞争力过程中也非常关键，但人是企业存在的根基，这要求所有企业都要坚持以人为本，重视并尊重员工，深入洞察员工的实际需要，针对不同员工采取差异化的激励措施，使员工的潜能得到充分释放，从而使企业长期保持市场领先地位。

考虑个体差异，实行差别激励

人力资源管理是企业管理的重要组成部分，提倡采用科学的方法激发员工工作的积极性、主动性。在人力资源管理的众多方法中，激励是最常用的方法，是指用物质激励或精神激励调动员工工作的积极性，让员工尽自己最大的努力完成任务，实现组织目标。从某个层面来讲，激励是否得当关系着企业的运营效果，甚至是企业的生死存亡。

为保证激励效果，企业必须根据自己的实际情况制定激励机制，对各种激励措施进行综合利用，将激励手段与激励目的相结合，打破传统的思维模式，建立一个既适合企业，又与员工需求、时代特点相契合的开放的激励体系（见图7－6）。

◆制定激励机制应因地制宜实事求是

激励是为了让员工对工作产生热情，积极、主动地工作。而影响员工工作积极性的因素有很多，比如工作性质、个人发展、领导行为、工

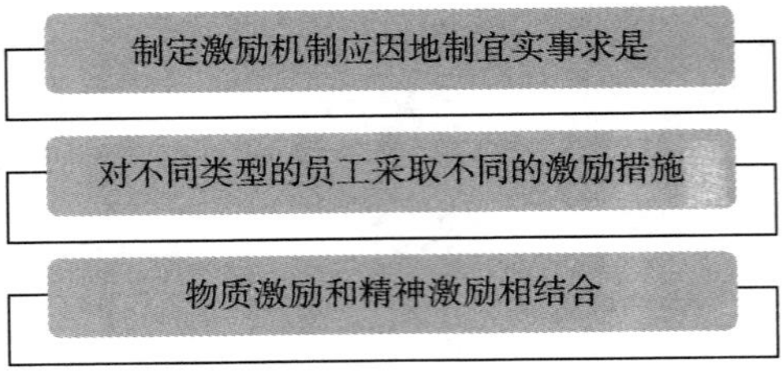

图 7－6　差异化激励的主要原则

作环境、福利报酬等等。当然，企业不同，这些因素对员工工作积极性的影响也不同，所以，企业要根据自身的实际情况，在制定激励制度时考虑个体差异情况。比如，从性别方面来看，女性员工比较看重薪酬，男性员工比较看重个人发展；从年龄方面来看，20～30 岁的员工往往有很强的自主意识，对工作环境、薪酬待遇等方面的要求较高，如果工作条件达不到要求他们就会离职；31～45 岁的员工受家庭因素的影响比较稳定，不会轻易"跳槽"。

从受教育程度来看，拥有学士及以上学位的员工比较关心自我价值的实现，追求物质、精神多方面的满足，比如工作环境、工作条件、工作兴趣等等；而学历较低的员工比较注重物质层面的满足，也就是要先满足他们的基本生存需求。从职务层面来看，管理人员的需求与基层员工的需求也不一样。综上，为了保证激励机制合理、有效，企业在制定激励机制时必须对员工个体的差异进行充分考虑，从而将激励机制的作用充分发挥出来。

◆对不同类型的员工采取不同的激励措施

企业只有充分调动全体员工工作的积极性，才能实现运营目标。在具体实施的过程中，企业要根据员工类型采用相应的激励措施。按照工作性质，企业员工可划分成三种类型，一是管理人员，二是专业技术人员，三是生产一线人员。

（1）管理人员

一般来讲，管理人员受教育程度较高，有较好的社交能力和管理技能，思维灵活、敏捷，富有创造性，是推动企业发展的核心力量。在工作过程中，管理人员比较关心自己的管理理念能否落实，自身能否实现更好的发展。所以，针对管理人员的这一需求，企业可采取以下激励措施。

★晋升，如果管理人员取得了较好的工作业绩，企业就要提升其职位，满足其对自我发展的要求。

★赋予管理人员更多权力，扩大其职责范围，让其感受到上级领导的重视和信任，从而增强其对工作的责任感，满足其对信任的要求。

★组织管理人员相互交流，丰富他们的知识与技能，激发整个团队的活力，满足其对开拓创新的要求。

★鼓励管理人员深入基层，让他们产生身居高位的荣誉感，明白现有职位来之不易，从而刺激其更加努力、更加积极地工作。

（2）专业技术人员

专业技术员工具有持续学习、不断钻研的精神，即便走上工作岗位也希望能继续深造，所以比较看重企业的培训机制，关心自己掌握的知识、技能能否得到充分发挥。所以，为了做好专业技术人员的激励工作，企业可以采取以下措施：

★企业要创建一个合理的用户环境，增加专业技术人员的薪酬待遇，用高薪酬留住人才。

★管理者要经常与专业技术人员沟通，了解其真实诉求，帮助其解决工作、生活上的困难，鼓励技术人员参与企业决策，充分尊重技术人员，给他们提供继续学习、深造的机会。

★提升专业技术职务。对专业技术人员的科研成果、学术报告、发明创造等内容进行考核，对考核结果进行量化评估，符合条件者可以晋升到高级专业技术职务。

（3）生产一线人员

生产一线的员工受教育程度较低，工作内容单一且重复，大多是体力劳动，工作环境比较恶劣。这些员工追求的是实际的利益，也就是所能获得的薪酬，除此之外还希望受到领导的关怀。所以，面对生产一线的员工，企业可采取以下激励措施：

★制定工作目标，根据目标完成情况为企业发放薪酬福利。为了更好地实现企业目标，管理者可指导一线员工对目标进行分解，制定出与企业目标一致的个人工作目标。

★定期评选出模范人物，将其打造成一线工作者的榜样，鼓励一线员工争相学习、仿效，达到组织的期望。

★管理者要成为一线员工的表率，遇到问题要身先士卒，带领员工迎难而上，不能退缩。

★改善一线员工的工作环境，为其提供有效的保护措施，增强员工的安全感，以此激发员工工作的积极性。

★做好员工培训，提升员工素质。

◆物质激励和精神激励相结合

在各种激励措施中，物质激励是应用频率最高、效果最好的激励方法，其表现形式有正激励与负激励两种，前者包括发放奖金、津贴、福利等等，后者主要是罚款。人类有各种各样的需求，物质需求属于最基本的需求。只有物质需求得到了满足，人类才有动力从事其他的社会活动。基于此，物质激励也就成为企业最常用的激励方法。

但有些管理者对物质激励有一定的误解，认为只要发放足够的奖金就能调动员工工作的积极性，事实却并非如此。有些企业为开展物质激励投入巨大，却没有达到预期的效果，不仅没能激发员工工作的积极性，反而使组织错失发展良机。导致这种情况发生的原因在于，管理者没有认识到人类不仅有物质需求，还有精神需求，企业采用物质激励只能激发部门员工工作的积极性，只有将物质激励与精神激励相结合，才能对全体员工产生激励作用。

在实际操作过程中，企业将物质激励与精神激励结合在一起使用时要做到以下几点：

（1）创建适合企业的企业文化。从某方面看，管理就是用文化塑造人，只有让所有员工都认可企业文化，将企业文化视为行事准则，才能让他们将企业目标视为个人目标。所以，管理者要引导员工认可企业文化，用企业文化进行管理，推动企业实现可持续发展。

（2）制定科学、公平、可计量的激励机制。企业的激励制度必须公平，为做到这一点，企业可征求广大员工的意见与建议，让激励制度获得广大员工的认可。激励制度确定之后，首先，企业要将其公布出来，长期执行、严格执行。其次，企业要将激励制度与考核制度相结合，刺激员工产生竞争意识，将自身的潜能充分释放出来，更加努力地工作。最后，企业要保证激励制度科学、合理。为做到这一点，企业要全面收集、分析与激励有关的信息，对员工需求做出全面了解，根据实际情况的改变对激励措施进行调整。

（3）综合运用多种激励制度。企业要根据自身的实际情况选用合适的激励制度，对各种激励制度进行综合利用。比如，使用工作激励方法，根据员工的能力合理地安排岗位，适时轮岗，让员工对工作保持新鲜感，通过有挑战性的工作激发他们的工作热情。使用参与激励法，增强员工对企业的归属感，让员工感觉到自己被尊重，满足员工自我发展的需要。使用荣誉激励法，授予员工一些荣誉称号，满足员工自我价值实现需要。

事实上，企业可使用的激励方法还有很多，最重要的是要从本企业的实际情况出发选用合适的激励方法，做好激励制度与企业文化建设，将各种激励方式融合在一起使用，以激发员工工作的积极性，让员工在工作的过程中积极创新，助力企业进一步发展。

近年来，企业的管理模式不断更新，摒弃了粗放式的管理模式，开始走向规范化管理，创建了一系列科学的管理制度与方法。同时，企业也越来越重视知识型、文化型等柔性化的管理方式，更加重视激励管理。企业处在不同的发展阶段所需的激励方式也不同，所以管理者必须经常对员工的心理、行为进行分析，对员工类型进行划分，根据员工类型推行不同的激励措施，从而创建一个完整的激励机制，使企业与员工的综合价值实现最大化。

员工自我激励机制的实现路径

老子的《道德经》中有一个非常经典的治理理念——“无为而治”，具体到企业管理就是要求员工各司其职，自我管理，自我激励，完成个人工作目标。员工的自我管理水平与参与意识将在很大程度上决定企业最终的运营成果。

企业管理可分为硬管理与软管理，其中硬管理指的是制度管理，但高水平的管理是要实现人性化的自我管理，即组织授予员工一定的权力，让员工通过自我学习、自我管理实现既定的发展目标。在此过程中，管理者要转变观念，从各个层面为员工服务，包括构建良好的组织文化、授予员工更多权力、为员工提供培训等等。当然，纯粹的自我管理很难实现，就像“无为而治”只是一种美好的理想一样，柔性的自我管理必须以硬性的制度管理为保障。

企业会在发展的过程中不断地改善管理方式，规范化管理只是其中的一个阶段。之后，企业管理要以规范化管理为基础，突破制度层面的束缚，提升到文化层面，再造企业运营流程，重塑企业文化。未来，企业管理不能再单纯地依靠制度，而要提升到艺术层面，尽可能多地增加软管理方面的内容，比如作风管理、人员管理、观念管理、目标管理等等。具体到软管理层面，人的管理是软管理的核心，软管理推崇发现人才、爱护人才、激励人才。企业的人力资源管理最好将软管理与硬管理结合起来使用。

借助科学的激励机制，员工会更有责任感，工作的积极性、主动性会得到更好的提升。员工激励有两大来源，一是来自外部的激励，二是来自内部的激励，其中来自内部的激励是最根本的动力。虽然来自外部的激励非常重要，但不可能实时获得，所以员工需要经常自我激励，自己调动自己工作的积极性、主动性。

只有通过外界影响或吸引力影响，再加上个人消化吸收，人的行为才能转变为驱动力，才会产生“想努力工作”的意识，才会真正产生工作动力。在有效的自我激励机制的作用下，员工的工作热情才能得到充分释放，产生竞争意识，将自身潜能充分发挥出来。

每个企业都有一些业绩极好的明星员工，这些员工之所以能爆发出不同寻常的能量，取得非凡的业绩，就是因为善于自我激励。每个人都有梦想，渴望成功，渴望实现个人价值。如果企业能将这份渴望点燃，员工就会爆发出巨大的能量。

为此，企业管理者要转变管理模式，摒弃传统的命令——控制型管理模式，转而采用引导——服务——激励型管理模式，鼓励员工自我激励，不遗余力地释放自己的能力与潜力，取得更好的业绩，为企业的发展平添支持与助力。

◆构建一个自我管理、自我激励的环境和气氛

激励是员工与环境的相互作用。管理者不应将自己的意志强加给员工，试图改变员工，而应对自己的行为方式、企业的制度规范进行调整，创造一个良好的环境，让员工进行自我激励。

（1）以规范化管理为基础，力求让管理简单、透明。

（2）将激励管理融入企业管理的方方面面。

（3）畅通上下沟通渠道，让员工可以随时向上反馈意见和建议。

（4）引导员工之间保持分工、协作、竞争关系，在企业内部创造一个相互支持、可对信息进行共享、可实现顺畅沟通的工作环境。

（5）消除负激励因素，鼓励员工实时进行自我激励。

工作中的各种环境因素都可以分为两类，一类是激励因素，另一类是负激励因素。其中，负激励因素指的是在工作过程中极易引发员工消极情绪的因素，比如厌烦、愤怒、恐惧等等。传统的激励方法强调改变人的思维，但事实上，没有任何一种方法能永久性地改变人的思维。企业管理人员真正能做的就是改变工作环境，将工作环境中的负激励因素消除殆尽，尽可能多地增加工作环境中的激励因素。

企业需要消除的负激励因素包括：官僚主义，浓厚的政治氛围，管理层之间沟通不畅，内部恶性竞争，组织目标与信息相互冲突，任人唯亲引发的不公平现象，没有制定周详的培训计划，对员工业绩没有明确的要求，对员工贡献评价不当，管理者仅凭个人喜好对待员工，频繁地召开没有意义的会议，大多数员工的能力、技能都得不到有效发挥，员工可以利用的资源有限，管理者经常批评员工但又不能给出具有建设性的意见，工作流程不合理，规定过于烦琐等。

◆流程再造和工作再设计

流程再造、工作再设计的目标是提高工作绩效，给员工创造一个更好的工作环境，让员工对工作更感兴趣，让员工通过绩效的提升获得成就感、满足感。

起初，再造的概念来自电子产品生产领域，是指组织通过将电子产品拆卸、重组以提升产品效能。在企业引入再造概念之后，流程再造指的是从根本上对业务流程进行设计与思考，使成本、服务、质量、速度等关键绩效指标得到有效改善。通过一套科学的工作流程与工作设计，员工会持续不断地获得内部激励。

◆目标激励

在科学的目标责任管理制度的支持下，企业可构建一套良好的循环体系，该体系可实现自我控制、自我管理、自我调整、自我激励。

一般来讲，一个远大且可实现的目标会产生激励作用、引导作用。在众多激励因素中，目标是最有效的因素之一，可以推动人更好地工作、生活。在一个企业中，领导者最重要的工作就是制定一个能获得员工认同、有意义、可实现的目标。

企业要创造一个让员工可看到自己工作成果的环境，而且要及时对员工的工作成果做出有益的反馈。如果员工一直得不到反馈就无法做出正确的自我判断，即便有错误也不能及时修正，目标自然无法实现。这样一来，员工就会感觉自己所做的工作毫无意义，进而失去工作的积极性。

在员工为了实现目标努力的过程中，管理者对员工的评价非常重要，评价内容包括工作进度、工作质量等等，其中蕴藏的奖惩信息会对员工的工作状态产生直接影响。如果员工提交工作成果之后迟迟得不到反馈，就会产生不被重视的感觉，认为自己的工作可有可无，进而失去工作的积极性，或者在工作过程中表现得无所适从。

◆团队激励

团队是有相同价值观、共同信念之人为了实现共同的目标聚集在一起形成的一个群体。群体内部成员通过沟通、交流获得统一的目标、手段与方法，充分调动团队成员工作的积极性、主动性，将所有可调用的人力、物力集中在一起提升业绩，实现目标。

一个真正高效的团队可产生 1 + 1 > 2 的效应，在良好的团队氛围中，团队成员可以相互协作、相互激励，共同为了最终目标的实现而努力。

（1）团队工作氛围的建立

为创建一个良好的团队工作氛围，企业要对冲突进行有效管理，增进团队成员之间的信任与合作，鼓励团队成员正当竞争，在团队内部营造一种相互合作、互帮互助、相互激励的积极向上的文化氛围。

（2）打造自我管理型团队

自我管理型团队是以一定的价值观和原则为基础建立起来的，在这种团队中，员工能实现自我控制，管理层次较少，可以实现目标共享与信息共享，信息沟通比较顺畅，员工可公开表达情感，团队成员之间的信任度比较高，可实现有效沟通与协作，而且团队成员对团队活动的积极性也非常高，还会参与团队的一些重要决策。

（3）在团队中树立榜样，管理者以身作则

如果一个团队中有一两个业绩非常突出的员工，其他员工就会争相效仿；如果团队中有一部分有活力的员工，就会感染团队其他成员充满活力，进而使整个团队受到鼓舞与激励。所以，管理者要以身作则，在团队中树立榜样。

CHAPTER 8
正向沟通：构建积极的员工关系

沟通是一种领导力

企业沟通不畅的原因与对策

推倒“部门墙”：跨部门沟通与协作

搭建企业管理沟通的长效机制

正向沟通：有效地与员工对话

沟通是一种领导力

通过沟通，双方之间能够实现信息传递，互相表达看法，最终达成一致。对企业领导者而言，他们需要通过沟通与员工拉近距离，获得员工对自己的认可，并提高团队整体的积极性。企业在管理实施的各个环节都要发挥沟通的作用，这要求领导者必须具备高效的沟通能力，只有这样才能顺利开展各项工作，促成企业发展目标的达成。

◆企业领导力沟通的重要性

高效的沟通是领导力形成的基础。沟通是企业领导者必须要掌握的一项技能。如果管理者能够进行成功的领导沟通，就能够取得良好的管理效果。通过进行高效的沟通，管理者能够依照计划达到自己的领导目的，并在员工群体中树立起自己的权威，在工作中得到下属的认可与尊敬。

领导力沟通的重要性不言而喻。企业在实施发展战略、组建及运营团队、对员工实施激励的过程中都要进行内部沟通，保证员工明确管理者表达的观点，发挥其领导力。因此，企业管理人员要通过提升沟通能力来形成自己的领导力。只有当领导者与员工之间的沟通不存在障碍时，才能实施成功的领导。所以，领导者应该掌握领导力沟通的技能，相反，如果领导者在沟通方面存在问题，即便在企业内属于高层，拥有丰富的工作经验，也会在工作开展过程中遇到许多阻力。

另外，企业在处理外部关系时，也要发挥沟通领导力的作用。为了保证自身的正常经营与发展，企业需要与用户、政府部门、供应者、同类企业打交道，另外，市场环境是瞬息万变的，要想提高自身对外部环境的适应能力，企业的领导者就必须与相关人员进行长期而有效的沟通，不断为企业发展开辟新的道路，减少企业在经营过程中承担的风险。

◆沟通领导力的有效原则

图 8－1　沟通领导力的有效原则

（1）确切传达目标。无论是什么类型的工作，都要将目标准确无误地传达给员工，防止在这个环节出现矛盾。为了避免员工产生误解，要进行反复的沟通。

（2）注重倾听。优秀的领导者要擅长在沟通过程中听取对方的意见。企业领导者在与员工进行交流的过程中，要充分尊重员工的观点，以倾听的方式来了解员工的意见。

（3）注重提问。优秀的领导者要在恰当的时机进行提问，通过提问让员工感受到自己在认真对待此次沟通，并深入分析员工的想法，在接下来的沟通中与员工共同解决问题。

（4）体现尊重。领导者在沟通时的态度是能够被对方感知到的。领导者说话的语调、语速、神情、体态等都能够体现出他是否尊重对方。要想提高沟通的效率，就要体现对员工的尊重，保持良好的态度与习惯，给予员工表达个人想法的空间。

（5）保持同理心。管理者要懂得进行换位思考。在沟通过程中，管理者要学会从员工的角度出发来考虑问题，明白对方的感受。如果在与员工交流的过程中，管理者要求员工必须接受自己的观点，不给他们表达自身感受的机会，就容易引发其负面情绪。为此，管理者应该保持同理心，体会员工的感受与情绪，站在对方的立场进行思考，从而进行顺畅的沟通。

（6）正向引导。管理者的引导能够对员工的行为产生很大的影响。因此，在进行沟通时，管理者要选择积极的引导方式，对员工进行激励。

◆沟通领导力的有效实施

（1）下行沟通

只有在实现企业年度目标的基础上，管理者才能带领整个企业不断接近长期的发展目标，而要促进年度目标的达成，就要与员工之间展开高效的沟通互动，保证企业的发展目标能够得到全体成员的一致认同，进而制定更加具体的行动方案。所以，企业管理者要重视与员工之间的沟通，在沟通过程中获取员工的意见，对员工的行为进行正向引导，并将企业的目标传达给员工，形成统一的价值观。

在这里需要明确的一点是，员工的行动方案是由他们自己制定的，而不是管理者为其提供的。在这个过程中，管理者只需将目标信息传达给员工即可，就算管理者拥有明确的规划，也应该鼓励员工自行制定行动方案，通过这种方式来获取员工的一致认可。在完成方案制定工作后，管理者要注重后期的沟通工作，通过不间断的沟通促进方案的实施。

另外，管理者要正确对待方案实施过程中出现的问题。通过沟通，管理者能够提高员工对问题的重视程度，并为员工在这个阶段的工作提供有效的指导，帮助他们克服困难。

除此之外，提供高效的反馈也是企业管理者应具备的沟通能力之一。当员工在工作中遇到问题、提出自己的观点，或者企业发布绩效结果之后，管理者都要进行相应的反馈。有效的反馈能够调动员工的积极性，督促员工进行自我提升。反之，就会导致员工产生懈怠心理。在与员工进行沟通的过程中，管理者应该注重倾听，不能只强调自己的观点，要认真听取员工的意见，并留意员工在沟通中表现出来的体态、表情等，理解对方的深层用意，对员工的心态、工作状态等进行把握，据此提供有效的指导。

在进行沟通时，管理者应该在恰当的时机进行提问。提问的作用有两点：

1）准确定位对方进行沟通的目的

2）利用提问方式对员工进行引导，让他们自己解决问题

某些情况下，管理者给出的反馈得不到员工的认可，对绩效考核结果的负面评价尤其如此。这个时候，管理者应该注重倾听，并利用提问方式了解问题产生的原因，找到员工与自己产生分歧的根源所在，在此基础上对这个根源进行分析，这个过程中要学会换位思考，针对性地解决问题。

管理者应该明白，沟通过程中使用的信息传达方式会对员工产生重要的影响。所以，无论信息内容如何，都要使用积极的方式来引导员工的行为，促使员工在今后的工作中付出更多的努力，不断提高自身的工作能力。

（2）上行沟通

在进行上行沟通之前，管理者应该进行充分的准备，从上级领导的角度出发对问题进行分析。具体如上级领导如何去判断、他掌握了哪些相关资源、自己能够获得怎样的支持等等。除此之外，与日常事务相关的上行沟通也是管理者需要参与的，这类沟通的目的是双方交换信息、交流工作经验，沟通难度较低，可遵循特定的规律。

企业沟通不畅的原因与对策

企业管理离不开有效的沟通，其中最为关键的，当属管理者与员工之间的沟通。“现代管理学之父”彼得·德鲁克指出，沟通是管理的基本职能。企业领导者在进行市场调研、决策制定、工作安排、员工管理、第三方合作等各个环节，都需要与相关人员进行沟通。成功的企业存在的共性特征是：企业内部及企业与外界之间能够进行高效的沟通。随着发展，不同企业之间会围绕管理展开激烈的竞争，而企业内部及其与外界之间的沟通将成为竞争的核心。所以，企业管理者要提高对沟通的重视程度。

◆企业内部沟通现状

在人类社会中，沟通是一种普遍存在的行为，整个人类文明的发展离不开人与人之间的沟通。现如今，伴随着社会经济的快速发展，企业作为一种社会组织形态，纷纷兴起于世界各地的各个领域。但很多企业在发展过程中都面临沟通方面的问题，导致员工对企业的认同感较低，整体的团结性也不高。

伴随着现代企业管理的发展，企业的领导者逐渐意识到，对身处信息社会中的企业来说，沟通才是他们最应该关注的问题。良好的沟通能够有效降低企业管理的难度。不少企业与跨国公司的沟通体系十分烦琐，无论是下行沟通还是上行沟通都要经过许多中间环节，不仅会耗费大量的时间与精力成本，还容易导致信息失真。因为缺乏有效的沟通，这些企业在管理沟通方面往往陷入困境，导致企业无法充分发挥现有资源的优势，给企业在多个方面的运营带来阻力，使企业难以获得持续性的发展。此外，沟通导致的问题还有很多表现形式。

在信息经济快速发展的今天，瞬息万变的市场环境也促使企业对自身结构进行改革。此外，随着企业规模的扩大，团队成员数量的增多，其外界环境也越来越复杂，很多因素都会对企业的发展产生影响。与此同时，企业文化的发展、内部成员之间的关系体现出许多新的特征，员工之间、企业之间存在多样化的利益关系等等，这些因素都提高了企业沟通的难度。

◆企业内部沟通的问题分析

导致企业出现沟通问题的原因包括：

（1）不同部门、不同团队承担的任务不同，采用的考核方式也不同，这样的系统设置会使不同组织的成员在沟通过程中只局限于自己的立场，容易出现矛盾与冲突。企业无法杜绝这些因素导致的沟通问题，但能够采取措施来进行有效的控制。

（2）企业没有分清不同部门的职责，导致各个部门的工作内容存在交集，执行过程中相互干扰，无法将责任落到实处；或者不同部门之间完全独立，无法进行合作，彼此之间缺乏交流，难以实现共同的发展目标。对于这种存在于个别部门中的原因，企业可以通过进行结构调整加以解决。

◆企业内部沟通的途径

通俗来讲，信息交互，也就是交互双方之间进行的对话即为沟通。内部沟通是企业必须重视的一项工作。这是由于企业本身的运作情况会影响到整体的生产力，其中，团队成员之间的沟通尤为重要。在企业内部建立起良好的沟通环境，能够为员工表达自己提供有效的平台，从而提高他们的工作积极性，同时，能够为员工与管理层之间的互动提供渠道支持，进而推动企业的发展。企业内部沟通的途径包括（见图8－2）：

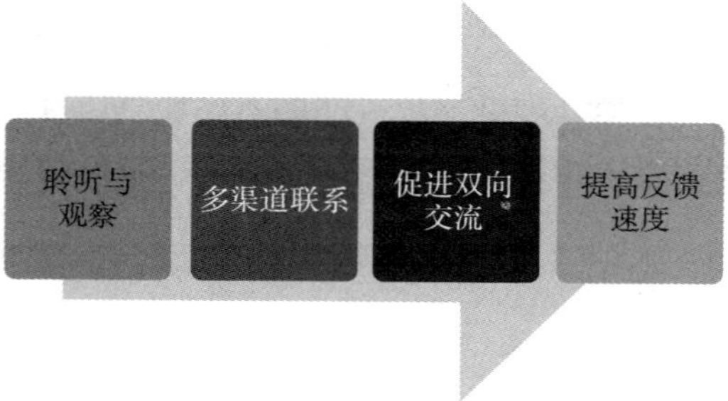

图8－2　企业内部沟通的途径

（1）聆听与观察。企业要想更加全面地了解消费者的需求及相关信息，就要重视基层员工的意见。这是由于基层员工与消费者直接接触，能够直接获取消费者的数据，得到真实、客观的反馈信息。因此，管理人员要注重收集内部意见。

（2）多渠道联系。在部分企业管理者的认知中，内部沟通的方式仅限于文件传递，即只要将相关文件及时送到收文部门即可。其实企业内部沟通的渠道有很多，具体包括邮件、公司通报、企业会议、小组会议、公文发布等等，此外，还可以运用相关的录音录像来进行内部沟通。

（3）促进双向交流。传统模式下，企业多采用单向交流方式，主要体现为管理者向员工进行信息传达。双向沟通是指员工也能够主动参与的交流。为了促进公司内部的双向交流，管理者要面对面地与员工进行直接的沟通，了解员工在当前工作中遇到了哪些问题、能够为其提供哪些帮助，同时要听取员工的期待与意见、对公司体制的不满，以及他们希望得到怎样的改进等等，为员工提供相应的反馈，让企业的内部沟通不再只停留在形式上，而是要实现真正的落地。

（4）提高反馈速度。如果管理者的反馈速度太慢，员工通常会做出负面的假设，在公司内部散播流言，其他人则因为缺乏印证而进行主观猜想，导致流言扩散。如果管理者能够提高反馈速度，就能够及时止损，避免流言的大范围扩散，避免给员工之间的关系带来不利影响，加强员工与管理者之间的联系。

推倒“部门墙”：跨部门沟通与协作

在企业的经营与发展过程中，有些工作是无法通过单个部门来完成的，在不同部门合作的过程中，要进行跨部门沟通。如果在这个环节出现问题，会导致参与双方浪费大量的时间与精力，影响部门间的关系，导致双方利益都受损。比如，某部门急于处理的问题，却无法引起合作部门的重视，在跨部门会议上，不同部门的负责人相互推卸责任，无法达成一致结果等。

跨部门沟通问题有两类，一类是个人问题导致的沟通不畅；另一类是由于分工与考核方式不合理导致的组织层面的问题，影响了部门之间的沟通。

◆从组织层面解决跨部门沟通问题

在企业的跨部门沟通中，因为本位主义导致的问题非常多，很多问题的根源便是不同部门的负责人及员工只考虑自身的利益。出现相关问题后，管理者不仅要从员工身上寻找原因，也要对自己进行反思。现如今，在进行内部分工时，很多企业都采用职能制，这种分工方式能够让员工充分发挥自己的优势与特长，将具体任务交给专业部门及专业人士来完成，但各个部门只承担自己所负责的事项，在对任务完成情况进行评估时不愿接受其他部门的标准，只从自身的角度来考虑问题。

在企业发展的过程中，分工不同的各个部门之间要加强合作。给合作方及组织的整体发展带来的价值是分工的意义所在。彼得·德鲁克认为“成果永远存在于组织的外部”。而要取得良好的成果，就要在跨部门沟通过程中打破自身思维的局限性，从组织整体发展的角度出发来建设企业的考核机制，采用合理的分工方式，并将其纳入企业的文化体系中。

在理念层面，要求公司的管理者与各个部门的领导对组织整体与部门的价值进行有效定位。比如，某企业工会部门的负责人提出，工会的意义在于增强员工的责任感及归属感。这种从员工个人及企业整体发展方面进行的价值定位，能够获得员工及公司全体成员的认同，有利于该部门后续工作的开展。

与此相似的是，质量监管部门的价值在于为客户提供高质量的产品，并促使合作部门优化自身运营，而不只是确保企业按照既定标准在内部实施质量管理。另外，财务部门也不应该将自己的价值仅仅定位为统计财务数据，而是要为业务部门与企业管理者的决策制定提供精准的参考信息，促使企业做出合理有效的决策。

为了促进理念的落地，要对执行者的行为进行考核。具有针对性的考核才能产生相应的结果。比如，企业想促进不同部门之间的合作，在设定考核指标及内容时就要更多地考虑整体与部门之间的关系，而不应过度关注各部门的工作完成情况。但有些企业的工作成果是难以进行描述的，管理者也很难对其价值进行准确定位，用量化方式来表现这种工作的价值难度较高。在这种情况下，企业的管理者及部门负责人应该将工作执行中的具体情况作为重点评估的内容。虽然这种判断方式具有较强的主观性，实施过程也比较复杂，但却能够为企业提供更加合理、有效的参考。

在分工形式方面，传统模式下，企业多采用职能制分工形式进行部门划分，将组织整体统一划分成生产部门、营销部门、财政部门等等，不同部门之间存在清晰的界限。相较之下，自组织分工方式更加注重实际作用的发挥。在互联网时代下，企业能够利用网络进行组织分工，无须管理层的介入。现阶段下，这种新兴的分工形式集中于互联网行业中，在其他领域鲜有应用。但可以肯定的是，从传统的“职能制”分工方式转化为“自组织”分工将成为主流发展方向，随着时代的进步与发展，越来越多的行业将采用自组织分工。

◆从个人层面解决跨部门沟通问题

在进行跨部门沟通的过程中，沟通双方采用的交流方式、表达方式以及其背景因素等等，也会影响到双方之间的关系，这些都是属于个人层面的因素。那么，怎样从个人层面来解决跨部门沟通的问题（见图8－3）?

（1）假设对方的动机是正向的

当人们对行为结果进行分析时，往往用积极的态度来评价自己的行为，却习惯以消极的态度来评价他人的行为。比如，如果有人在处理问题的过程中出现了错误，导致最终的处理结果不理想，他会以“动机是好的”为

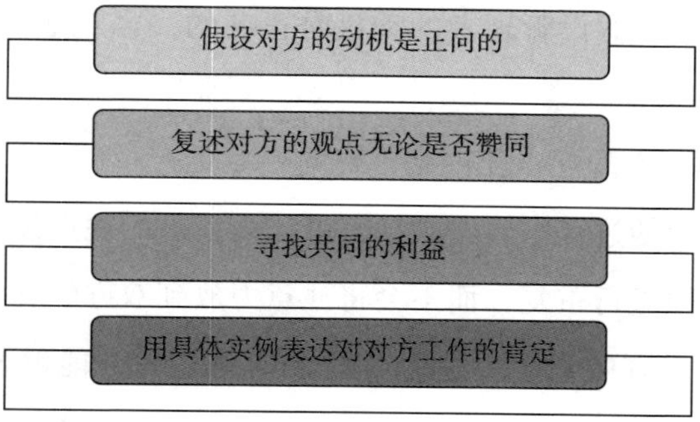

图 8－3　个人层面解决跨部门沟通的具体策略

由来原谅自己的过失，而不会责备自己。相反，同一件事情，如果其他人没有达到理想的效果，评判者却往往忽视他的动机，认为对方只要没有取得好的结果，就应该受到批评，或者直接断定执行者的动机不良。

在对某件事进行深入分析时，分析者往往会按照既定的印象对整个事件做出评判。举例来说，当分析者认为处理人员的动机不良时，会从各个方面来证明自己最初的断定，带着这种想法来看待整个事件的发展过程，直至得出符合自己判断的结论。

“囚徒困境”是最为典型的代表，即合作双方都认为对方会做出损害自身利益的选择。事实表明，有时候这种思维习惯能够让人们更好地保护自己，提高自身的安全性。但在跨部门沟通过程中，要想提高沟通效果，就要减少这种情况出现的概率，为此，应该假设对方的动机是良性的。沟通双方要先肯定对方的行为，然后对合作过程中的不足之处进行定位与分析，便于在未来的合作中避免同类问题的出现。在日常生活中，沟通双方也应该做到这一点，不能抱着对方怀有不良动机的想法进行谈话，这样会容易导致双方之间产生冲突。

除此之外，在发现管理者的选择有误后，在提意见时也要注意这一点。如果在谈话开始就认为对方的动机不良，则会让对方觉得自己是被有意针对的，应该假设管理者的动机是正向的，客观地指出问题所在，提高沟通效果。

（2）复述对方的观点无论是否赞同

在进行沟通的过程中，如果发言者认为自己的观点没有被对方接收到，就会不断地进行重复，而不会将注意力放到双方的交流互动上，也会忽视去倾听对方的意见。这个时候，如果另一方能够复述对方的观点，就能让对方知道自己已经完成了信息传达，感受到自己是被尊重的，并进行下一步的交流。另外，在进行沟通的过程中，双方可能使用不同的表达方式来表达同样的意思。有些人在沟通中与对方产生了分歧，但在进行深入分析之后才明白，对方并非对自己的观点表示反对，而是用不同的方式在传达相同的意思。复述对方的意思能够减少这种情况的出现，提高沟通的顺畅性。

（3）寻找共同的利益

要保证双方之间存在共同的利益点，才能在合作中实现双赢。从这个角度来说，跨部门沟通应该避免只站在自身的角度考虑问题，即不能一味要求对方从各个方面进行有效配合。在进行跨部门沟通之前，相关负责人应该提前做好准备，对自身的需求进行准确定位，分析对方的具体情况，具体如对方当前的工作状态、企业的合作标准、对方希望在合作中取得怎样的成果等等，发现双方之间存在的利益共同点，在跨部门沟通过程中，从双方的利益共同点出发来描述相关事宜，促使双方为了达到共同的目标而努力。

（4）用具体实例表达对对方工作的肯定

所有人都希望自己得到他人的肯定，但在进行沟通的过程中，很多人都会忽视表扬的重要性。管理者要明白，相对于批评，表扬的激励作用更为显著。很多情况下，受表扬者会在自己得到肯定的方面做出更好的成绩。管理者在这方面要注意的是，应该采用真实、具体的例子来进行表扬。比如：你们对这个问题处理得非常及时，为我们顺利开展工作减少了阻力。如果表扬过于笼统、模糊，就会显得不真实。

搭建企业管理沟通的长效机制

沟通的目的是通过准确地传达信息、观点、情感等，最终达成双方一致，实现预定的目标。在沟通过程中，不仅要完成意义的传达，还要保证沟通双方能够理解相关内容。沟通的类型有两种：一种是人际沟通，这种沟通发生在两个人之间；另一种是组织沟通，是发生在企业不同部门、不同群体之间的沟通。作为企业管理的重要构成部分，组织沟通会对企业的整体管理产生影响，发生在企业管理的各个环节中。所以，企业要从组织沟通方面入手，来提高整体的管理能力（见图 8－4）。

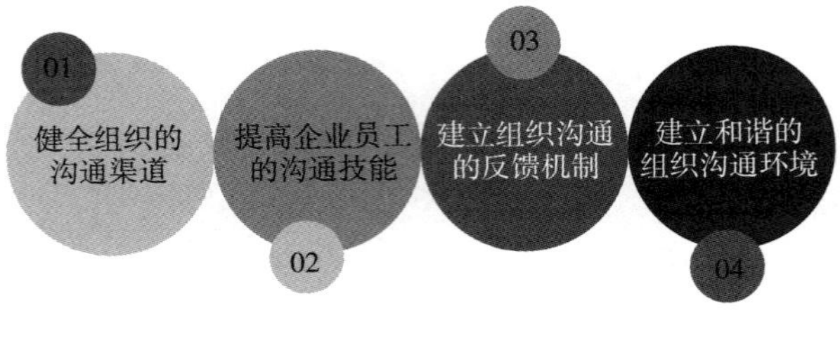

图 8－4　搭建企业管理沟通的长效机制

◆健全组织的沟通渠道

组织的沟通渠道包括两种：一种是工具性沟通渠道，目的是达到工作要求，完成工作任务，具体包括管理者发布命令、员工向上级汇报工作、提出意见等；另一种是满足性沟通渠道，目的是对接内部成员的情感及社会需求，具体包括联谊活动、郊游活动等。

有效的组织沟通渠道能够达到良好的组织沟通效果。因此，管理者要在分析员工心理特征、行业属性的基础上，对工具性沟通渠道与满足性沟通渠道的价值、优势及不足之处进行把握，在企业内建立完善的沟通体系，将工具性沟通渠道和满足性沟通渠道都包含在内，根据实际情况及具体需求来选择合适的沟通渠道。

（1）建立扁平化的组织结构

扁平化的组织结构可以保证信息在各个部门、上级领导与下属之间的高效传递。如果企业内设置了严格的等级制度，信息要经历诸多层级才能传递下去，这个过程中很难保证信息的真实性，相比之下，扁平化的组织结构更有利于信息传递。

（2）定期举办领导见面会或员工座谈会

在会议上进行面对面的信息传递能够保证信息的真实性，这种沟通渠道与工具性沟通渠道相结合，能够促进企业内部的信息分享，还能体现满足性沟通渠道的价值。在会议上，员工可以将自己的想法、观点直接反映给管理者，并及时得到反馈。管理者则能够在这个过程中对员工的工作表示肯定。

如果企业的管理层人员想直接了解员工的想法、意见，但认为其他沟通方式容易导致信息在传递过程中受到影响时，可以在公司中举办员工座谈会。同样是管理者与员工进行直接沟通，两者的不同之处在于，领导见面会是在员工提出要求后举办的，员工座谈会则是由管理者主动发起的。

（3）举办郊游、联谊会、聚会等活动

这些活动不属于正式沟通方式，但可以促进不同员工、员工与管理者之间的交流，拉近彼此之间的情感距离，不仅如此，这些活动都经过了提前的组织与准备，控制性较强，能够提高信息的真实性与客观性。

◆提高企业员工的沟通技能

企业要想提高组织沟通的效果，就要从本质层面出发，提升员工的沟通能力。这是由于作为组织沟通的主要参与者，员工的文化背景、表达能力、自身角色定位、职业素质等会对整个沟通过程产生重要的影响。可通过以下几种方式来提高员工的沟通能力（见图8－5）：

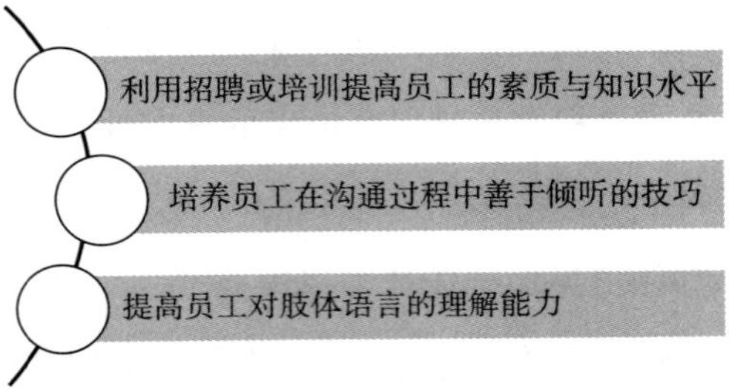

图8－5　提升员工沟通技能的策略

（1）利用招聘或培训提高员工的素质与知识水平

一个人的信息理解能力与沟通技能，与其素质和知识掌握情况息息相关，拥有良好素质、掌握丰富知识的人，在沟通过程中能够采用恰当的方式来表达自己的观点，并且能够迅速理解对方的观点，提高沟通的整体效果。

（2）培养员工在沟通过程中善于倾听的技巧

《关键技能》的作者威廉（William R. Tracey）认为，人力资源管理者在沟通过程中应该做好时间分配工作，将 65% 的时间用于倾听，25% 的时间用于表达与讨论，将阅读与写作的时间控制在 10%。所以说，倾听在沟通过程中占据着主导性的地位。但在多数人看来，在沟通过程中，应该积极付出行动，相较之下，倾听更像一种静态化的表现，往往不会引起人们的重视。而事实上，倾听在沟通过程中是十分关键的。良好的倾听可以调动对方发言的积极性，让双方展开深入的交流。不仅如此，通过倾听，参与者能够体会对方的感受，理解其深层用意，从而提高沟通效果，实现沟通目的。因此，在沟通过程中要注重倾听。

（3）提高员工对肢体语言的理解能力

调查结果显示，面对面的沟通通过两种方式进行信息传达：语言方式与非语言方式，其中，通过语言传达的信息仅占到总体的 35%。由此可见，肢体语言在信息传达过程中发挥着更重要的作用，这种方式传达出来的信息也更具感染力。在沟通过程中，一个人的心理状态能够体现在他的眼神、行为、体态之中，在感知对方心理及情绪状态的基础上，可以适时地改变自己的行为，促成高效的沟通。

所以，在沟通过程中，发言的一方在表达观点时，要使用恰当的肢体语言加以配合，突出表达自己的思想。倾听的一方在接收对方语言信息的同时，也应该留意对方的肢体语言，进而深入理解对方的情感与内在思想。在这个过程中，信息接收方要站在对方的立场看待问题，感知对方当前的心理状态，这就要求员工掌握一定的心理学知识，并懂得如何在沟通中进行运用。

◆建立组织沟通的反馈机制

反馈是沟通过程中的重要环节，缺乏反馈机制的沟通是不完整的，反馈能够有效提高沟通的效果。然而，现阶段下忽略沟通反馈的企业仍然不在少数，这个问题是管理者需要特别注意的。企业应该建立有效的反馈机制，弥补当前沟通中存在的不足。

企业的管理者除了进行信息传达之外，还会进行信息接收，在信息反馈中扮演着重要的角色。有很多时候，员工向管理者反映了各种各样的问题、发表了自己的看法之后，很多管理者会因为很多因素的限制，无法向员工提供及时有效的反馈，导致沟通问题的出现，给自身的管理带来不利影响，甚至导致员工产生懈怠心理。所以，管理者既要促进反馈机制的形成，又要积极承担自己的责任。

◆建立和谐的组织沟通环境

组织沟通的开展有赖于企业内部环境的支持，环境因素也能够对组织沟通产生深刻的影响。要形成良好的沟通环境，就要促进内部成员之间的友好相处。为了增进员工之间的关系，管理者可以组织多样化的群体活动，比如内部体育比赛、员工聚餐等等，提高整个团队的凝聚力。通过组织活动让员工之间更加熟悉，进而建立良好的人际关系。与此同时，不同员工也要相互理解，懂得尊重与体谅他人，积极参与员工之间的沟通。

正向沟通：有效地与员工对话

现如今，很多企业都存在组织沟通不畅的问题，管理者应该建立员工沟通机制并在发展过程中不断完善，从企业的发展与员工的利益需求方面出发，根据企业的实际情况进行个性化调整，制定完善的内容、原则等，鼓励员工参与到沟通过程中，并为其提供相关的支持，建立良好的内部氛围，倡导员工之间相互尊重、相互理解，让员工在良好的精神与心理状态下工作，进而提高企业发展的持续性（见图8－6）。

◆正向沟通的三个原则

（1）学科性和规律性原则

员工沟通发展迟滞的问题存在于很多企业中，针对这个问题，管理者应该转换思维角度，摒弃传统模式下将员工沟通视为其他学科组成部分的看法，将其独立出来，运用心理学、企业管理学的知识对员工沟通

图 8－6　正向沟通的三个原则

问题进行分析，提高对这门学科的重视程度，为其发展提供相应的资源支持，在此基础上进行深入的探索。

所有学科都有一定的规律可以遵循，员工沟通也不例外。要在了解相关规律的基础上进行沟通。其具体规律包括：沟通包括双向沟通与单向沟通，员工沟通倾向于双向沟通，管理者同时也要利用单向沟通来建立良好的沟通氛围；沟通是一个长期的过程，要进行重复性的、持续的沟通；不同时间、情景、沟通对象适用的沟通方式与沟通内容是不同的，管理者要选择合适的方式，在恰当的时机进行得当的信息传达；沟通存在于日常生活与工作中，管理者要提高沟通意识，就算不是正式沟通，也应该体现对员工的尊重，巧用沟通技巧。

（2）平等与双向信任的原则

要想提高沟通的效果，首先要保证沟通双方彼此信任，为了实现这一点，就要让双方处于平等的地位，对企业来说，指的就是管理者与员工处于平等的地位。管理者要获得员工的信任，就应该在沟通过程中体现对员工的尊重，从个体化的角度来对待员工，对员工的心理状态进行感知，据此选择合适的语言表达方式。与此同时，要假设员工在沟通中的动机是正向的，他们提出意见是为了促进企业的发展。

另一方面，管理者要认识到，沟通对企业来说不只是一种形式工作，而要发挥实际作用，要在沟通过程中了解员工的想法，为员工提供问题解决方案。此外，要保护员工的权益与隐私。员工在沟通时提供的信息，可能与自身隐私、企业相关部门的利益等相关，员工是出于信任才将这些信息提供给管理者的。因此，管理者要注重对员工权益的保护，如果疏忽了这方面的工作，就容易导致员工产生负面情绪，并给所有内部成员带来消极的影响。

（3）正向引导和力求实效的原则

企业经营及发展过程中经常会出现一些管理者无法通过个人力量解决的问题，员工沟通则能够让管理者深入进行问题分析，并促使员工调整自己的心理状态，体现企业对员工的人文关怀。在这个过程中，管理者要对员工进行积极的引导，力求在沟通之后让员工产生乐观的看法与情绪，改变员工之前的消极看法。要知道，同样的内容，员工对不同表达方式的反应是不同的，应该选择积极的方式来调动员工的情绪。

此外，沟通的目的是进行问题处理。无论采用哪种沟通方式，要想得到员工的认可，就要发挥沟通的实际作用，提出有效的问题解决方案。所以，在进行员工沟通的过程中，管理者应该依据实际情况，帮助员工找到问题的答案，体现企业的价值。在进行问题收集时，要确保能够通过员工沟通找到解决办法，否则就会导致员工沟通工作达不到理想的效果。

◆畅通员工反映问题渠道，建立多方位员工沟通途径

企业提供的沟通渠道是指，管理者怎样与员工之间进行沟通，或者说员工通过哪些渠道来发表意见、提供反馈信息，是员工沟通情况的直接体现。企业要想减少员工沟通的阻力，就应该为员工提供多种便捷有效的途径，让员工在产生相关需求时能够快速与管理者进行沟通（见图8－7）。

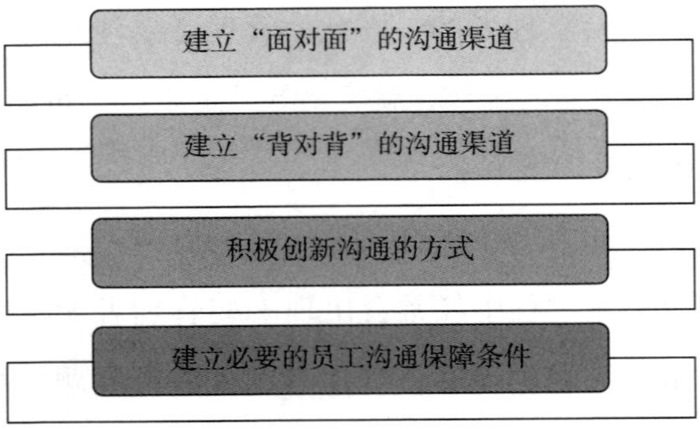

图8－7　建立多方位员工沟通途径

（1）建立“面对面”的沟通渠道

组织层面的“面对面”沟通主要包括两类：一类是群体沟通，一类是“一对一”沟通。

群体沟通有利于建设良好的沟通环境，使沟通双方保持思维上的活跃，从沟通中获取有价值的信息，具体如管理者主导的公司宣讲会、员工座谈会等，参与群体沟通的管理者可能是一个人，也可能是几个人，具体内容如员工的职业发展、公司面临的市场形势、企业管控情况等。在沟通过程中，管理者要注重调动员工的积极性，并强化对现场的管控，确保沟通的有效进行。在员工发言环节，要保证发言人具有代表性，比如公司的一线工作者、年轻员工群体等，在为员工提供反馈时，要给出清晰、简洁的答案，如果无法当场做出答复，也要给员工合理的交代，体现对员工的重视与尊重，并且要将这种无法当场回答的问题数量控制在合理的范围内。

在沟通方式与内容上，“一对一”沟通与群体沟通的差别不大，选择“一对一”方式的管理者要注重场景的选择。相较于办公室，休息室、咖啡室更为理想。在沟通过程中，员工会更多地从个人利益角度出发考虑问题，整个沟通过程更加私密，管理者既要注重调动员工情绪，也要体现对员工的关心。

（2）建立“背靠背”的沟通渠道

所谓“背靠背”沟通，意即员工以实名或匿名方式向管理者提出意见，是一种由员工发起的单向沟通。这种沟通方式，特别是不透露个人身份信息的沟通，能够让员工更加放心，从而积极参与到沟通中，将真实情况提供给管理者。比较普遍的“背靠背”沟通方式有：面向全体员工的领导信箱、网上实时问答、以问卷方式进行的各类调查等等。

企业的“背靠背”沟通面向全体员工，且没有对员工提出具体的要求与规范，因此员工会向管理者反映多种多样的问题，其中有些问题是超出预料范围的。对于这种沟通方式下提出来的问题，企业应该将问题收集工作交给特定人员，由他负责对问题进行整理与分类。对于个别性的问题，要开展针对性的沟通，对于大众化的问题，可通过公开说明来进行处理。如果企业不能解决其中的某些问题，也要给员工相应的交代。如果这种问题是个别性的，则要对问题提出者进行特别说明。通过进行“背靠背”沟通，企业能够发现自身经营中存在的不足，采用“面对面”或“一对一”的沟通方式来进行处理，促使全体成员就普遍性问题达成一致。

（3）积极创新沟通的方式

在网络科技等信息技术的影响下，企业员工的感知呈现出一些新的特点。所以，要想提高员工沟通的效果，就要全面分析企业当前的经营管理及内部结构，在发挥经验优势的同时，勇于尝试新的沟通方式，进一步满足员工相互交流的需求，提高员工在沟通过程中参与的积极性。在互联网及移动互联网时代，企业要利用网络渠道，推出管理者邮箱、网上问答、网络调查等沟通形式。企业管理者应该对新兴沟通方式的特点与规律进行把握，分析员工感知的变化，利用网络平台的优势，吸引更多员工参与到沟通过程中。为了促使员工在沟通中反映真实的情况，企业也可以与第三方机构进行合作，采用类似客户满意度调查的方式，为员工沟通提供更多的支持。

（4）建立必要的员工沟通保障条件

许多因素都会对员工够沟通工作的开展产生影响，企业应该建立必要的员工沟通保证条件。

★将相关责任落实到具体的部门及个人，确保工作的有效实施，保证沟通过程中员工提出的问题能够得到妥善的处理。

★建立科学有效的考核制度，规定任务完成的时间，促使责任部门及执行人员能够按照规定执行任务，建立完善的员工沟通体系，保证各项工作切实执行，为员工提供及时、有效的反馈，提高工作效率。

★采用不同沟通方式，发挥综合优势。在员工沟通过程中体现“面对面”“背靠背”沟通的价值，在了解企业所处发展时期及员工沟通习惯的基础上，选择合适的沟通方式，将多种方式结合起来，提高对员工的吸引力，从各个方面进行信息收集，提高信息的客观性与真实性。

★为员工沟通提供有效的机制保障，在员工提出意见后给予相应的反馈，具体保障包括员工权益保护机制、员工利益协调机制等。在开展职工民主协商工作、举办职工代表大会的过程中发挥员工沟通的作用，进一步提高企业对员工沟通的重视程度，将员工沟通与企业内其他相关工作结合起来，相互促进、相互配合。

综上所述，员工沟通工作能否顺利开展，会对企业的整体发展产生很大的影响，管理者要带领全体成员建立良好的内部环境，促进成员之间彼此信任、友好相处，建立相关机制体系，探索新的沟通方式，通过有效的渠道支持，提高员工沟通的效率，让员工保持良好的精神与思想状态，解决员工反映的问题，提高整体的团结性，找到企业与员工之间的利益共同点，提高其工作积极性。

CHAPTER 9
有效授权：卓越领导者的高效管理艺术

“野牛型领导”与“雁群型领导”

“家长式授权”VS“独立式授权”

授权在现代企业管理中的价值

企业管理中存在的授权障碍

授权管理的原则、流程与误区

充分授权≠放任自流

领导者有效授权的要点与技巧

“野牛型领导”与“雁群型领导”

现如今，大部分国内企业采用的依然是传统的管理模式，将人力资源视为提高企业运营效率的工具，不遗余力地制定各类规范与制度，一味地加强对员工的控制。在这种管理模式下，管理者追求绝对的决策权，希望员工对自己保持高度忠诚，就像在一个野牛群中的头牛那样享有绝对的指挥权。管理者希望自己是公司的头牛，员工对自己必须无条件服从，长此以往，管理者就会深陷野牛的角色不可自拔。

在实践过程中，管理者规划企业发展目标、运营策略时依靠的是个人意志，而且要求员工对自己绝对忠诚，总是将自己设想成野牛群中的头牛，将员工比作围绕在头牛周围的牛群。殊不知，在这种管理模式下，一旦头牛消失，牛群就会陷入慌乱，直到有新的头牛出现，牛群的组织才能恢复到有序状态。所以，剿灭野牛群的方法非常简单，只要先杀死头牛，就能轻而易举地消灭整个牛群。具体到企业，如果在一家企业中，管理者享有绝对控制权，员工只能被动地执行管理者交办的工作，那么面对突如其来的市场竞争，企业将毫无招架之力。

为避免上述情况发生，管理者要尽量避免自己的组织陷入“野牛型管理”模式。因为在这种管理模式下，员工只会被动地工作，缺乏创新，对自己工作之外的事情漠不关心。员工虽然能按部就班地执行企业决策，但不会主动承担责任，也不会积极响应工作过程中出现的各种突发状况。而管理者的日常工作本就烦琐，无法实时关注决策执行过程，难以及时对工作开展过程中出现的紧急情况进行及时处理。而在“野牛型管理”模式下，管理者不仅要对各项事务进行决策，还要承担各项决策的执行结果，在这种模式下，只要管理者决策不当、指挥失误，整个公司就会不攻自败。

谈及企业变革，每位管理者都有自己的见解，但如何推进组织变革，就需要管理者认真思考。近年来，社会发展速度越来越快，市场竞争瞬息万变，之前行之有效的管理方法不再适用，管理者要想生存下去就必须不断提升自己的管理能力。一个优秀的、经得住时间考验的管理者必能率先找到适合企业的管理模式，保证企业在激烈的市场竞争中立于不败之地。

企业的可持续发展离不开英明睿智的管理者的领导，也离不开精诚协作的团队的支持。任何一家企业都需要一个有责任心、充满热情、团结协作的员工团队，就像天空中的雁群一样以 V 字形排列，有秩序地飞行，并能视具体情况随时改变队形。在一个雁群中，每一只大雁都有领航权，也都有领航能力，在队伍里不可或缺、无法替代。

在雁群中，每一只大雁都是一个独立的个体，也是一个完整的整体，可以自由地调换自己的位置，是跟随者，也是领导者。在飞行的过程中，为了应对随时可能出现的意外，雁群的阵型在实时改变。大雁这种飞行方式不仅能将飞行速度提升到最快，还能将能量消耗降到最低。

如果将野牛型管理模式与雁群型管理模式放在一起对比就能发现：在现代企业管理中，野牛型的管理模式已不适用，而且还有可能阻碍企业发展，所以，管理人员必须摒弃这种管理模式，采用雁群型管理方式，将自己放到和员工同等的位置，平等地对待员工，激发员工的工作潜能，让员工具备创新力、领导力，建立雁群型组织，创新工作氛围（见图9－1）。

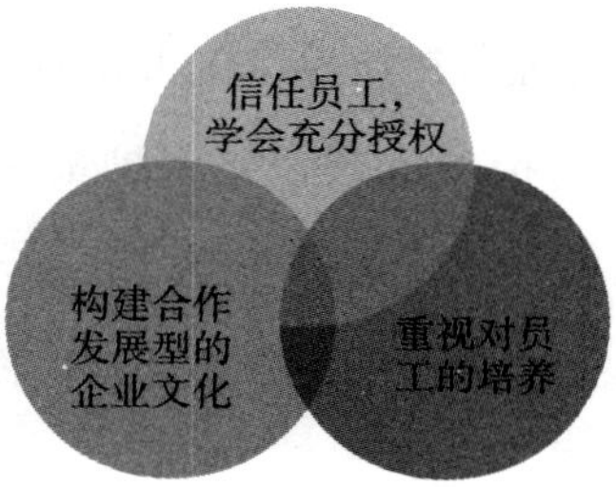

图9－1　雁群型领导需要具备的管理素质

◆信任员工，学会充分授权

在雁群型组织中，管理者要充分授权，转变自己的工作重心，从发布命令转变为帮助员工扫除障碍，充分调动员工工作的积极性、主动性，让员工在工作过程中获得成就感。充分授权就是要让员工进行自主管理，为此，管理者必须创造一个自由的工作环境，给予员工自主思考与自由表达的空间，鼓励员工大胆尝试。

需要注意的是，充分授权不是放任员工。从本质上看，充分授权体现了充分管理的理念。管理者在授予员工权限的同时，要为员工提供有益的指导，引导员工做出最正确的决定。如果管理者授权之后不闻不问，企业就会陷入无组织状态，在这种情况下，企业运行效率不仅得不到提升，组织运行会更加混乱。

◆重视对员工的培养

管理者要明白员工不是机器，他们有自己的思想，有多年求学积累的知识素养和经年累月沉淀的工作经验，这些都是公司最宝贵的财富。所以，管理者要降低对员工的控制，加强培训和指导。如有必要，管理者还可以对员工进行现场指导，帮员工改正错误，释放员工的潜能，促使他们提升自身的技能。

这里需要注意的是，管理者在指导员工工作时要注意场合，点到为止，不要采用“家长式”的指导方式，要保护员工的工作热情，增强其自信心。另外，管理者要组织做好员工培训工作，丰富其知识储备，提升其工作技能，激发其工作的积极性、主动性，使其工作潜能得以充分释放。

◆构建合作发展型的企业文化

管理学大师彼得·德鲁克曾描绘过这样一种让企业实现高效、持久运转的场景：管理者扎根于市场，随时获知市场变化，及时根据市场变化对企业的运营方案、发展战略进行调整，借此保证企业始终处于行业领先水平。当然，管理者不能将所有精力都放在外部市场上，也要分出一部分精力关注企业内部。只不过，相比较之下，管理者的关注重点还应放在外部市场。因为企业内部所有员工都得到了合理安排，他们能够按部就班地做好自己的工作，并与管理层保持密切联系，所以无须管理者花费太多心思。

由此可见，这种组织结构实现了合作发展，让管理者、员工都能实现自我管理，二者相互合作，各自发挥自己的特长，共同助力企业发展。于是，在企业内部，这种合作发展型的组织结构就形成了一种独特的氛围，在这种环境中，管理者可以将全部精力投放在市场调研、产品创新方面，无须在员工管理方面花费太多心血，从而使企业业绩持续上升，推动企业实现可持续发展。

“家长式授权”VS“独立式授权”

管理过程中的授权有一定的技巧。优秀的管理者不是独揽大权，而是会将权力分派给下属，让各项权力都发挥出最大的效用。否则，管理者即便付出大量心血和精力，也难以取得理想的管理效果。

授权就是管理者将自己手中的权力分派给下属，让下属掌握一定的自主权，利用自己手中的权力完成上级领导交办的工作，在这个过程中可以不经上级领导同意自由行动。由此可见，管理者授权授予的不只是权力，还有责任。对于下属来说，要想获取更多权力就要提升自我管理能力，实现自我发展；对于管理者来说，为了让授出的权力发挥更好的效果，必须提升自己的领导能力。当然，通过授权，管理者还能提升自己的工作效率。

授权理论诞生于20世纪90年代，这一学科理论自诞生后就实现了迅猛发展。根据不同的标准，可以将组织授权划分成不同的类型。一般来讲，授权分为随机授权与计划授权、逐级授权与越级授权、充分授权与不充分授权、口头授权与书面授权、长期授权与短期授权、个人授权与集体授权，以及制约授权、弹性授权等等。如果以管理效率为标准，可以将授权划分成家长式授权与独立式授权，其中独立式授权的效果明显优于家长式授权。

◆家长式授权

家长式授权指的是上级领导向下属授权时，对每一个工作环节都进行指导，要求下属按照指令行事。受传统文化的影响，一个组织的上下级之间总是不平等的，他们之间的关系类似家长与孩子之间的关系。上级具有绝对的权威性，睿智、聪明，可以随意发号施令，下属必须服从。

在这种环境下，即便上级领导授予下属权力，也会担心下属会滥用权力，无法将工作做好。最后，管理者为了自己安心，会对所有工作做出明确的指示，下属按指令行事即可。事实上，这种授权并不是真正意义上的授权。在这种授权模式下，领导者只是将员工视为一种高智能的机器，难以让员工在工作中产生积极性、创造性。

家长式授权还增加了管理者的工作量，而且管理者的级别越高，要承担的工作量的越大，下属则依然是听令行事，工作的积极性、责任心都会逐渐消退。既然家长式授权有这么多缺点，那为什么还有大量企业使用这种授权方式？对于这种情况要具体问题具体分析，一般来讲，导致这一问题产生的原因有以下三点。

（1）领导者出自基层，因为业绩好被提拔，这类领导者的晋升是通过自己的努力换来的。刚进入管理层，他们尝试将工作分派给下属，如果发现下属的工作成果差强人意，就会亲自进行完善。或者为了一次性将工作做好，他们会将工作进行细分，并对每一项工作做出详细规定，而且还会随时对工作进展进行监督，以免出现问题。

（2）领导者担心自己要为下属的错误承担责任，所以为了防止下属犯错，他们会独自承担有风险的工作，只让下属负责那些简单的、重复性的工作。这种工作分派方式固然降低了下属犯错的概率，但久而久之，因为下属始终停滞不前，无法独立解决问题，领导者就会疲惫不堪。在这种模式下，领导者就像一个家庭中的家长，不给孩子做事的机会，反而责怪孩子什么都不会做，什么都做不好。

（3）领导者担心下属业绩太好，失去对下属的控制权。存在这种想法的管理者有些杞人忧天，因为在任何一个组织中，有超强领导力的上级都不会失去对下属的控制，更不会出现下属功高震主的问题。对领导而言，下属取得好的工作成果说明自己知人善用，而且能将更多事情交给下属完成，自己也能获得更好的发展空间。

综上，为了防止家长式授权的情况发生，组织最好不要提拔领导力不足的员工进入管理层，以免出现人岗不匹配的现象，导致整个部门出现问题，比如部门员工失去工作的积极性、主动性，工作效率低，等等。

◆独立式授权

独立式授权指的是上级授予下级权力时给予其充分的自由，让下级可以自由地选择工作方法，让其对自己的工作全权负责。如果家长式授权的关注点是具体的行事方法，那独立式授权的关注点就是最终的工作结果。

在独立式授权模式下，领导者要对下属予以充分的信任，将下属放在和自己平等的位置，相信下属可以独立地完成工作。当然，领导者要知人善用，了解下属的优缺点，根据其特长将其放到合适的岗位，确信其掌握的知识与能力足以完成相应的工作，然后再授权。这种方式不仅可以提升下属的能力，还能增强下属对领导者的信任与忠诚。

通过合理、充分授权，领导者可以将大部分工作交由下属完成，这样一来，领导者就能将更多时间与精力投入到有利于部门、企业长远发展的工作中。如果所有领导者都能如此，那么整个企业就将实现更高效、更长远的发展。

总而言之，企业要想提高管理效率就要进行独立式授权，而且要求每位领导者都拥有独立式授权的能力。只有如此，领导者才能避免在烦琐的工作上耗费太多时间和精力，下属的工作能力、整个团队的凝聚力才能不断提升，企业才能实现高效、长久的发展。

授权在现代企业管理中的价值

在现代企业管理中，领导者的工作非常烦琐，如果他们要亲自过问所有事情，必将投入巨大的精力，而且效果也未必好。所以，为了减轻自己的工作负担，提升工作效率，领导者必须学会授权。为此，领导者必须做好定位，明确自己的工作重点，将主要精力投入到那些必须亲自做的工作中，将剩余的工作分派给下属完成。企业的管理实践证明，越高明的领导越愿意授权。另外，因为远离指挥中心，为了能将自己独立负责的作用充分发挥出来，领导者就更应该进行授权。

领导者授权之后，下属员工可以获得更多自主权，从而更好地完成组织目标。根据管理学理论，授权是领导者智慧与能力的延伸，所以要想做好有效授权、充分授权，领导者必须掌握更多管理技巧，提升自己的管理能力。只有做好授权，领导者才能将任务合理地分派给下属，保证任务顺利完成，使整个团队的工作效率、工作绩效得以切实提升。

在授权的过程中，管理者必须明白一点，授权不是弃权，也不是简单的分工，他在授予下属权力的同时也交付了相应的责任，让下属独立地完成一项工作。在一个高效的团队中，领导者负责关乎部门或者组织命运的“大事”，下属按部就班地完成领导指派的“小事”，同时，管理者协助下属做好工作验收。在这种工作模式下，下属可以通过实践锻炼不断提升自己的能力，获得成就感，增强自信心。同时，通过授权，整个团队会更加融洽，领导者可以从烦琐的事务性工作中脱身，在重大事件中投入更多时间与精力。

在实际管理过程中，有效的授权意义重大，具体表现在以下几个方面（见图9－2）：

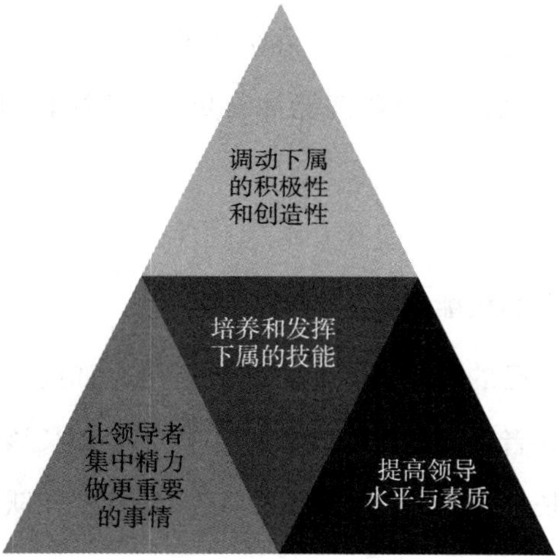

图9－2　有效授权的意义

◆调动下属的积极性和创造性

上面提到，授权是领导者智慧和能力的延伸，所以授权可以提高领导者的影响力，还能激发下属的工作热情，使他们投身工作的积极性、主动性得到有效释放，使整个团队的工作效率得以大幅提升。

根据马斯洛需求层次理论，自我实现需求是人类的终极追求。在企业管理的过程中，如果领导者能有效授权，就能让下属和员工为了满足自我实现需求，为了证明自己的能力，而积极、努力地工作。

◆让领导者集中精力做更重要的事情

通过充分授权，领导者不必再在烦琐的事务性工作中投入过多时间与精力，可以集中精力处理战略性、影响全局的大事件，提升决策效率，做好协调与监督工作。

授权之后，领导者无须对下属工作进行过多的干涉，只需对工作开展所需权利与资源进行合理调配，在适当的时候提供帮助与指导、做好监督即可。这样一来，领导者就能拥有更多的时间处理其他更重要的事件。

◆培养和发挥下属的技能

每个人都有自己的长处与短板，领导者也是如此。所以，在日常工作的过程中，领导者要将自己不擅长的工作交给擅长该项工作的下属负责，以下属的特长来弥补自己的不足，从而使整个团队的工作质量得以切实提升。

通过有效授权，下属可以获得更多机会去尝试新工作，解决新问题，提升自己的工作能力，实现快速成长与发展。通过独立解决问题，下属可以积累更多有益的工作经验，增强自信心。同时，管理者可根据工作成果对员工的工作能力、工作水平做出客观评价，以更好地发现人才、培养人才，做好人才储备，积累更多后备管理力量。

◆**提高领导水平与素质**

通过授权，下属员工将获得更多的机会锻炼自己、展示自己，通过工作实践提升自己的能力，实现快速成长与发展。为此，下属会对工作充满热情，干劲十足。

授予下属权力，说明领导者对下属的信任，下属将因此受到极大的鼓舞，极大地提升自己的责任心，此外，授权还能在组织内部产生优势互补效应，使组织成员工作的积极性、主动性得到有效提升。通过授权，企业的责任与义务实现了合理分配，任务可以顺利完成，团队绩效可以大幅提升。

企业管理中存在的授权障碍

私营企业的运营机制非常灵活，市场竞争意识强烈。所以，近年来，市场上私营企业的数量持续增长，并在发展过程中表现出旺盛的生命力，对经济改革与发展产生了强有力的推动作用。但因为私营企业多采用家族式管理模式，继任者的素质与能力良莠不齐，导致企业的生命周期较短，还有很多企业发展到一定程度就会停滞不前，导致社会资源严重浪费。要想解决这些问题，就必须先了解私营企业在发展过程中会遇到哪些问题。

经调查走访发现，一些规模较大的私营企业的老板表示企业经营管理太难，员工责任心比较差，一个人要负责企业大大小小所有事，失去了休息时间，最终的工作结果还差强人意，自己却感觉非常疲惫。同时，私营企业的白领也表示高管对工作的规定太多、太细，自己没有施展空间，对工作产生了厌倦情绪。通过分析可以发现，这些问题产生的根源在于私营企业的管理者没有做好授权，甚至不了解授权。

◆企业管理中存在的授权障碍

权力下放是授权的重点。虽然很多企业的管理者都明白授权非常重要，但因为授权要将自己掌握的权力、利益分配给下属，很多管理者难以割舍，导致授权工作很难顺利开展。所以，企业在日常管理的过程中虽然需要授权，但很多管理者却不愿意授权，由此形成了授权障碍。具体来看，授权障碍产生的原因有两点（见图9－3）：

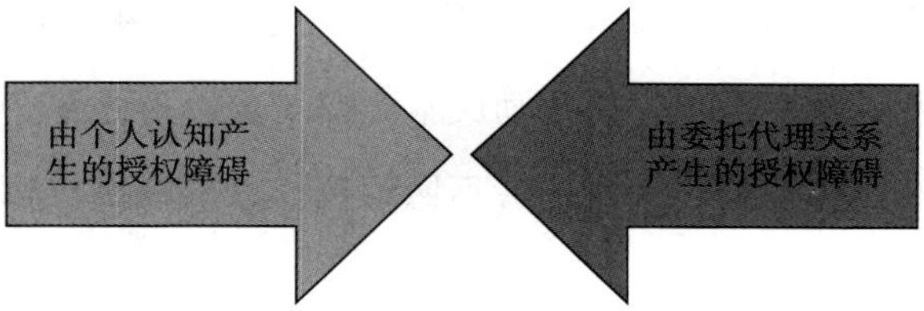

图9－3 授权障碍产生的原因

（1）由个人认知产生的授权障碍

20世纪70年代，美国心理学家Bandure提出了社会认知理论，表示互动会在很大程度上对行为产生影响。同样，管理者的个性特征也会对其认知模式产生一定的影响，从而引发授权障碍。研究证明：企业部门主管由那些具备管理思想的人担任，因为这些人具有强烈的自信心和成就感，所以他们不会轻易授权。

因为手中握有权力，所以管理者可通过左右下属的行为获得满足感。基于这种需求，管理者会采取自我强化行为以维护自己手中的权力。这种行为会给下属，乃至整个企业带来不良影响。

（2）由委托代理关系产生的授权障碍

管理者将一定的权力授予员工后，二者之间就会形成委托代理关系。因为员工处在一线，所以他们了解很多关键的生产经营信息。为了获取最大化的个人利益，部分员工会利用管理者授予的权力采取一些损害管理者利益或者企业利益的行为，比如将企业资源占为己有。

企业资源个人化是中小企业经常出现的问题。中小企业的管理者经常将企业的关键技术与重要的客户资源占为己有，一旦有了合适的机会，他们就会携带这些资源离开企业，以高薪投入竞争对手的怀抱。

另外，部分企业还会出现这种问题：普通员工获得授权之后，通过实际的工作过程提升了自己的工作能力和谈判能力，导致企业对这部分员工产生了严重的依赖。为了留住这些员工，企业就要提升薪酬或福利，给他们发放更多股权，使激励成本大幅增加。由此，企业资源个人化、激励成本增加都会导致管理者不愿意授权，引发授权障碍。

◆领导者面临授权障碍的体现

（1）不愿授权

有的管理者有强烈的控制欲，任何事情都不愿交给下属处理，不愿意授权。具体来看，管理者不愿意授权的原因主要有两点：

★担心授权会使自己的利益受损，使自己手中的权力减弱，使自己的价值下降。这部分管理者认为只有掌握足够的权力才能让下属听命于自己，才能提升下属的办事效率；只有亲自对所有事务做出决策，才能让自己在团队中的地位显现出来。

★担心下属拥有更多权力之后释放潜力，超越自己，将其培养成自己的竞争者。所以，为了维护自身的地位与利益，管理者紧抓权力，不愿授权。

（2）不敢授权

部分领导者不敢授权的原因在于，他们认为凭借自己的经验、能力、资历可以将所有事情处理好，忽略了下属员工的能力与才华。简单来说就是过分自信，不信任下属。

（3）不会授权

有些企业管理者想授权，却不懂如何授权。管理者需要负责处理很多事务性工作，每天忙忙碌碌，倍感疲惫，想将这些事务交给下属员工处理，却不知道从何做起。

综上，管理者不愿授权是因为没有形成正确的权力观，不敢授权是因为没有形成“用人不疑，疑人不用”的用人观，不会授权则是因为没有掌握授权的方法与技巧。为破除授权障碍，管理者必须找准引发授权障碍的原因，采取有针对性的措施，对症下药。

授权管理的原则、流程与误区

信任是人与人交往的基础，对于管理者来说，表达对员工信任最好的方法就是授权。授权不仅是管理者的职责，也是企业提升管理效率的关键。所以，管理者必须关注授权，集中精力做好授权，将自己从烦琐的工作中解脱出来，提升员工管理质量与效率。

◆领导者授权应遵循的原则（见图9－4）

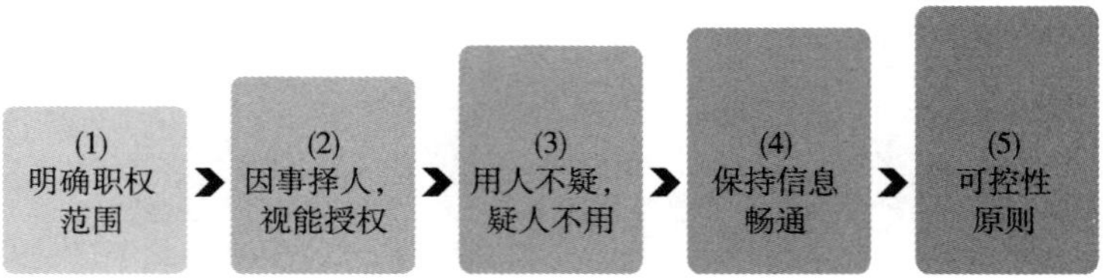

图9－4　有效授权的主要原则

（1）明确职权范围

根据想要达到的结果规定任务，进行授权。在授权之前，管理者必须明确权力划分，这是做好授权的前提条件。否则，管理者极有可能将属于他人的权力当作自己的权力分派给下属，造成越权授权，导致权力关系混乱，使正常的领导秩序遭受严重破坏，使整个团队的关系受到不良影响。

在金融行业有着极高知名度的国内某银行，曾在一段时间出现严重的利润下降现象，而且没有任何好转迹象。后来，公司管理层开会讨论，决定将总经理的权力下放，由2名副总经理和4名常务董事长兼任总本部的部长（一共有6个席位）。改革后，总本部部长拥有自主权，行使的是总经理的部分权力。日常事务由总部处理，跨部门事务或重大事务由董事长、总经理、各总部长开会讨论决定。调整之后，经过一段时间的运营，这家银行再创佳绩，不仅业绩起死回生，还兼并了一家因融资不当陷入危机的银行，收购了一家国外银行，一跃成为银行界的NO1。由此可见，管理者充分授权，明确各方职权是非常重要的。

（2）因事择人，视能授权

管理者不能凭个人喜好、个人意愿随意授权，要将事务开展需要、授权对象的具体情况作为授权依据，不能让授权脱离实际的工作需要，更不能将授权作为拉拢人心的方法。另外，授权要有一定的限度，授予下属的权力不能超出其个人可承受的限度，以免适得其反，造成大材小用或小材大用。

某大型网络公司承接了一个局域网技术修正项目，总经理对相关员工进行考评之后认为小李有能力、有责任心，决定任命小李为这个项目的负责人，通过这个项目促进其个人发展。但因为小李从未做过这类项目，导致项目在开展过程中遇到了很多问题，比如没能做好与其他部门的沟通，导致各环节衔接不畅。但项目已经开始，又不能中途换人，导致整个项目停滞不前。诱发这种现象的原因就在于管理者授权失当。

为避免上述情况发生，在授权之前，管理者必须对下属的工作能力进行科学评价。在选择被授权人时，管理者要从德、才两方面进行衡量，选择德才兼备的被授权人，量才任职、视能授权，将被授权人的潜能充分发挥出来。为此，企业管理者必须知人善用，做到人尽其才、才尽其用。

（3）用人不疑，疑人不用

领导者一旦选定被授权人，完成了授权，就要做到“用人不疑，疑人不用”，给被授权人充分的信任，鼓励他们大胆行事，给他们创造一个更加自由的空间。在被授权人开展工作的过程中，管理者要尽量避免指手画脚。那么，管理者可以选择哪类人进行授权？具体来看，在一个企业中，可以被授权的人大致有以下几种。

★奉献者，踏实肯干、不计较个人得失、不讨价还价。

★忠实者，坚守原则、做事认真、敢于直指错误、勇于谏言。

★开拓者，敢于开拓创新，有极强的办事能力，是“实干家”。

★有团结协作精神之人。这类人有很强的协调能力，能很好地处理复杂的人际关系，有很强的凝聚力。

★可以独立解决问题之人。这类人擅长独立思考，面对问题时有自己独到的见解，可以很好地处理棘手的难题。

★曾犯过一些小错但希望有机会悔改之人。这类人曾因一些小错误失去了尊严与荣誉，渴望获得“戴罪立功”的机会，官复原职，重获荣誉。

（4）保持信息畅通

即便选定了被授权人，上级管理者也不会授予其全部权力，所以不存在管理的独立性。因此，在行权过程中，上下级要保持联系，随时交流，让下级获得可以用来决策与适当说明所授权限的信息。

（5）可控性原则

管理者要明白一点，授权不是弃权，必须有所控制。授权之后，管理者要对项目开展情况进行全面观察，一旦发现项目偏离预定目标就要及时协调，对被授权者进行监督。只有如此，授权才不会演变为弃权，才能让上下级建立紧密联系。

◆领导者授权的流程

（1）挑选合适的被授权人

挑选被授权人有以下几个标准：

★品德，即被授权人是否有爱人、有责任心、有正义感，等等；

★理想，即被授权人是否有远大的梦想；

★能力，即被授权人是否可以独立发现问题、解决问题；

★知识与技能，即被授权人拥有的知识和技能是否足以支持其独立完成任务；

★被授权人是否有相关经验和领导力。

为保证授权效果，管理者要定期对被授权人进行考核，了解其工作动态。另外，为保证工作能顺利推进，管理者要对被授权人进行岗位培训。

（2）授权的四大边界

授权有四大边界，即资源、结果、时间、限制。

★资源，即授予被授权人一些权限资源，比如人力、资金等。

★结果，即工作进展情况，也就是工作最终达到的状态。管理者不能将被授权人的苦劳当作功劳，要经常询问被授权人的工作进度。

★时间，即限定任务完成期限。

★限制，即禁止被授权人有任何逾制的行为。

（3）组织监控

组织监控的方式有四种：

★定期召开例会，让被授权者陈述工作计划、工作进度、工作开展过程中遇到的问题、具体的解决方案等等。

★进行内部审计与考核。

★接受外部客户的反馈与考核。

★被授权者定期述职。

（4）授权的调整

在调整授权之前要进行全盘分析，对成功的经验、失败的教训进行总结，对内因、外因进行分析。然后，管理者要根据分析结果对授权进行调整，对被授权人进行升职或者降职安排。为保证分析结果客观、公正，企业可设立评价委员会。

◆领导者授权的误区

（1）将授权变成弃权，将自己不愿做的工作通过授权分派给下属，然后置之不理，导致下属无法理解领导的意图，导致授权失败。

（2）授权没有得到承诺，即授权人没有对被授权人做出承诺，导致被授权人缺乏行权的动力，任务、目标无法衡量。

（3）管理者授权无度，导致授权流于形式，被授权人职责不明。

（4）授权者权力欲过重，虽然从表面上看授权人将手中的权力下放，实际仍是自己掌控着资源调配的权力，在一定程度上打消了被授权人工作的积极性。

（5）忽略了授权后的信息反馈工作。管理者授权后对被授权人的工作置之不理，没有进行跟踪、调研，没能做好授权管理。

（6）管理者必须明白一点，不是所有的工作都可以授权，有些事情必须亲力亲为，比如制定企业发展政策、培养下属、人事调动、企业危机管理等等，这些工作不能通过授权交给下属完成。

总而言之，对于企业管理者来说，授权管理是其必须具备的管理技能。随着企业规模不断壮大，有些工作目标仅凭个人力量无法完成，这时就需要借助团队的力量。为了激发团队成员工作的积极性、能动性，管理者必须认识到授权的重要性，了解授权原则，科学授权，推动企业实现健康可持续发展。

充分授权≠放任自流

随着信息技术的迅猛发展，市场竞争愈演愈烈，为了提升企业运行效率、增强团队凝聚力，大中小企业都在讨论授权。很多管理者虽然已经认识到了授权的重要性，但对授权的理解还不全面，尚存在一定的局限。

在很多管理者看来，授权就是弃权，会分散自己的权力，弱化自己的地位，所以他们不敢授权，或者将事情交给下属之后就不闻不问，有的管理者甚至认为，自己将权力授予下属、将相应的任务交给下属执行之后就无权过问。事实上，授权只是转变了一种工作方式。授权要求理者授予下属一定的决策权，而且不能对其决策进行过多干预。管理者必须认识到，授权只是一种管理手段，仅凭这一种管理手段只能解决部分问题，很多问题的解决要求管理者将授权与其他管理方法结合在一起使用（见图9－5）。

◆领导者授权需要考虑的因素

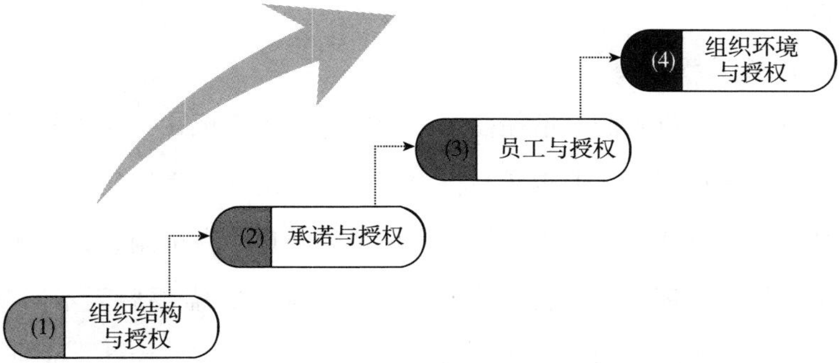

图9－5　领导者授权需要考虑的因素

（1）组织结构与授权

传统的组织结构呈金字塔形。在这种组织结构中，决策权集中在金字塔的顶部，上级与下级沟通的渠道非常单一，组织运转非常死板。组织未来的发展前景如何，只有高级管理人员知晓。管理人员紧握大权，员工只能按照指示开展工作。员工的工作动力来源于金字塔顶层管理者的激励与赞赏。在这种组织结构下，管理者根本无法授权。

（2）承诺与授权

承诺有两种类型，一种是内在承诺，另一种是外在承诺。内在承诺指的是，承诺人基于个人原因或内在动机为特定的项目、计划、人负责；外在承诺指的是，承诺人在无法掌控自身的命运，习惯了在接受指挥和控制的情况下表现出来的状态。内在承诺与授权有着亲密联系。人只有能够掌控自己的工作与生活才会做出承诺。

比如，如果员工的工作环境由管理者全权决定，员工就会缺乏责任感，只能做出外在承诺。如果管理者想激发员工的工作热情，让员工主动承担责任，更积极、灵活地工作，就必须鼓励员工做出内在承诺，引导员工参与工作目标的制定，让员工自由地选择工作方法，确定长远的发展目标。

（3）员工与授权

面对授权，员工的心情往往十分矛盾，具体表现在：员工只想获得权力，不想承担责任，但责任与权力是不可分割的共生体，获得权力的同时必须承担责任。外在承诺是很多员工的心理生存机制，让员工可以适应不同的工作环境。授权意识不是与生俱来的，需要后天不断学习、开发、磨合，所以仅延长外在承诺无法生成内在承诺。为此，企业必须培养管理者的授权意识，否则无论采取何种措施，授权都不可能成功。

（4）组织环境与授权

一直以来，企业都强调个人能力，导致团队作用被忽视，甚至还产生了“能力经济”。在这种组织环境中，授权根本不可能实现。为做好授权，保证授权效果，管理者必须构建一个相互信任、责任共担的组织环境。

◆领导者如何确保授权科学有效（见图9－6）

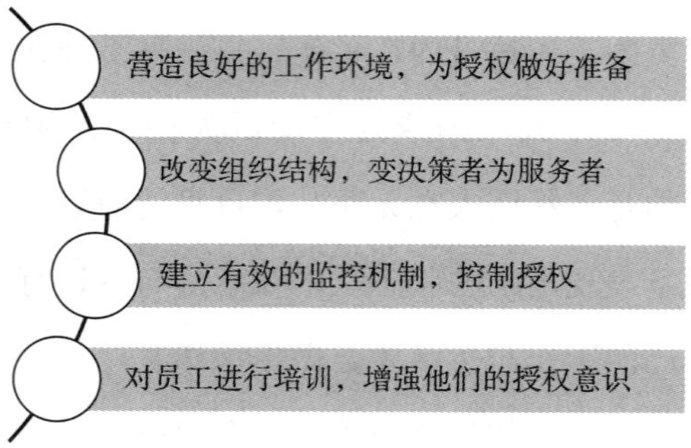

图9－6　领导者如何确保授权科学有效

（1）营造良好的工作环境，为授权做好准备

为保证授权效果，管理者必须创建一个有利于推进授权的组织环境。

首先，管理者必须让员工认识到企业正在经历一次至关重要的变革，变革结果与企业的生死存亡息息相关。同时，这场变革将颠覆原有的组织结构，企业原有的人际关系、工作方式、决策方式也将发生重大变革。企业要通过这种理念的传播与宣扬让员工对授权保持积极态度，为接受授权做好准备。

其次，管理者要推崇团队精神，增强团队成员之间的信任度，创造一个良好的集体工作氛围。员工授权是日本企业实施 TQM（全面质量管理）革命中的核心策略，在这场革命中，企业积极改善工作环境，创造和谐的人际关系，增强员工的自信心，培养员工的奉献精神。

最后，管理者要在组织内部推崇创业精神，允许员工犯错，增强员工的责任意识，激发员工的创造力，对绩效优秀的员工进行奖励，借此激发员工工作的积极性、主动性、创造性。

（2）改变组织结构，变决策者为服务者

在金字塔形组织中，员工处在外在承诺中，没有权力，也无须承担责任，久而久之就会对外在承诺产生严重依赖。要想做好授权，管理者就必须改变这种情况，让员工做出内在承诺，这要求企业改变组织结构。在新的组织结构中，管理者要从顶层转移到底层，从至高无上的决策者转变为给员工扫除障碍的服务者。虽然授权之后的组织结构依然是金字塔形，但这个金字塔是倒立的。

在这个倒立的金字塔中，员工位于管理者上层。因为员工身处一线，最了解顾客，所以员工是决策者，所有管理人员都要为员工服务，协助员工做好各项工作。在这个组织结构中，员工会释放自己的创新思

维与创新能力，积极、主动地工作，甚至会主动承担更多责任，因为他们认为自己有权力调动各种资源将自己承接的工作做好。

（3）建立有效的监控机制，控制授权

管理人员将各项工作分派给下属之后要对工作开展情况保持密切关注，不能不闻不问。为了让授权在企业管理过程中真正发挥作用，管理人员要防止员工滥用权力，做好授权后的管理、控制工作。只有管理人员将自身角色定位为工作控制者，授权活动才能合理、有效地展开。但不是所有管理人员都能顺利完成角色转变，因为面对一项新任务，很多管理人员都不知道如何获取与工作有关的信息，对被授权人进行有效控制。

事实上，控制授权的方法有很多，管理人员可采取以下方法：

★命令追踪。管理人员在授予下属权力之后，要在一段时间内密切关注工作开展情况，在授权的同时与下属商定，要求下属获得授权之后定期汇报工作进展。

★有效的反馈。一般情况下，人都乐于接受积极的反馈，抵制消极反馈。所以，为了提高反馈效果，要保证反馈积极、具体、客观、真实，做到据实说话、以理服人、对事不对人。

★监督进度。管理人员要对工作执行情况进行监督，但不能随意干涉下属的工作。当然，如果遇到某些必须由管理人员介入的情况，管理人员要提出合理的意见，对下属予以提醒。最后，管理人员要评估下属的工作绩效，兑现奖惩措施。

（4）对员工进行培训，增强他们的授权意识

对员工进行培养，让其具备授权意识是有效授权的前提。为此，管理人员要组织做好培训工作，让员工对组织目标、经营现状、工作流程进行了解，与员工共享信息、知识、技能，授予其一定的权力，采用有

效的奖惩措施，以此培养员工的授权意识。

具体来看，员工培训与授权最好达到以下效果：

★让员工明白自己工作的意义；

★让员工决定自己的工作方式；

★让员工控制工作进程；

★允许员工对职务设计提出自己的见解，并予以重视；

★让员工了解自己的重要性，从而形成授权意识。

只有员工形成了授权意识，授权才有可能成为一种有效的管理手段。

领导者有效授权的要点与技巧

领导者授权的方式非常多，可以书面授权，也可以口头授权，授权内容可详细、可简略，只要做到明确即可。这里的“明确”指的是领导者要让被授权者明确“预期结果”“明确责任”“为完成任务而分授职权的大小”之间的关系。

◆领导者授权的四种方式

要想做好授权，首先要明确授权范围，如果授权范围不明确，被授权人就无法明确自己的责任和义务，更不可能通过授权完成预期的组织目标。在具体授权的过程中，管理人员可根据工作的重要程度、自身水平、被授权人的工作能力采取合适的授权方式。具体来看，管理者的授权方式有以下四种（见图9－7）：

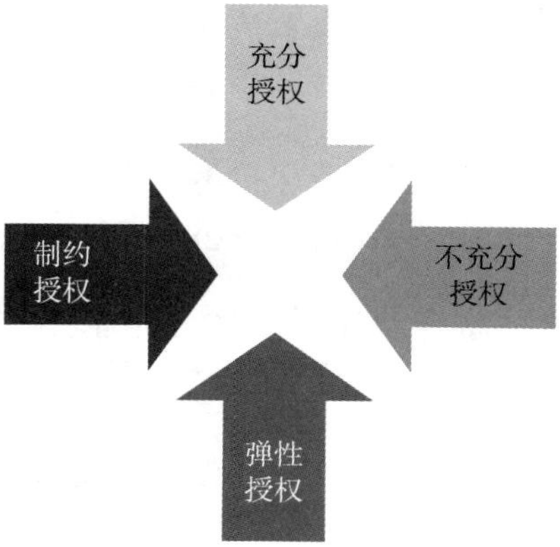

图 9-7 领导者授权的四种方式

（1）充分授权

领导者对下属充分授权，允许下属在执行任务的过程中自行制定行动方案，自由地创造条件、整合资源。如果任务失败，下属要自己总结经验教训，再次采取行动。领导者可采用充分授权的情况大致有以下几种：

★工作不甚重要，工作完成情况不会对全局产生太大影响；

★系统管理水平较高，下属各个子系统可实现有效协调；

★权责明确，比较容易受控制；

★下属工作积极性高、能力强。

充分授权给了被授权人极大的自由，被授权人可自行创造条件开展工作，在工作的过程中充分发挥积极性、主动性、创造性，保证工作效果。同时，通过充分授权，领导者的工作强度、工作压力能够大幅下降。所以只要满足充分授权的条件，领导者就要进行充分授权。

（2）不充分授权

根据不充分程度，不充分授权的情况大致包括以下几种：

★下属了解问题，将问题的真实情况反馈给管理者，由管理者进行决策。

★下属提出解决方案，管理者决定采取哪种方案。

★下属制定行动计划，交给管理者审核、批示。

★下属在行动之前将行动计划上报给管理者，待管理者同意才能行动。

★在行动的过程中，下属要实时向领导者反馈，将行动结果及时告知领导。

如果采用不充分授权，领导者与下属要提前做好交涉，以免发生矛盾。

（3）弹性授权

弹性授权也称动态授权，指的是在一项任务开展的过程中，根据任务所处的阶段采用不同的授权方式。如果任务过于复杂，或者环境多变，或者领导者对下属的能力、水平没有十足的把握，就可以采用弹性授权。

（4）制约授权

制约授权指的是对某项任务的职权进行分解，将其授予多个子系统。这些子系统获得授权之后会相互制约，减少失误发生的概率。为保证制约授权的效果，领导者要控制授权的子系统的数量，避免所有任务都使用制约授权，导致企业的管理效率低下。

◆有效授权的要点与技巧

在授权的过程中，管理者必须做好控制，也就是要在委派工作的过程中有效把握一个中心、两个基本点。这里的“一个中心”指的是明确授权任务和有效的授权方式，“两个基本点”指的是对被授权人进行监控，在工作过程中为被授权人提供一定的协助。具体来看，有效授权要把握好以下几项内容：

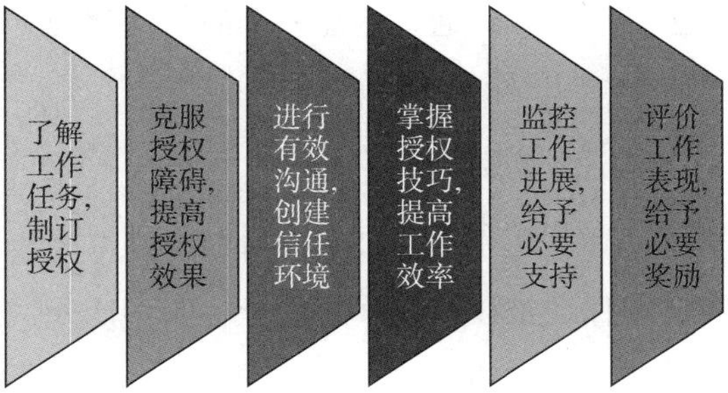

图 9－8　有效授权的要点与技巧

（1）了解工作任务，制订授权计划

在授权的过程中，管理者分派的不只是权力，还有责任。所以，在授权之前，管理者要明确哪些任务需要授权，哪些不需要授权。对于需要授权完成的任务，管理者要制定一个详细的授权计划书，包括如何授权，如何控制，等等。为保证授权计划书科学有效，管理者必须提前对工作内容与职责间的关系进行评估，然后将不同的工作团队目前负责的工作明列出来，包括工作最终完成时间与要达到的效果等等。之后，管理者要将重要的工作挑选出来，亲自负责，然后根据下属的工作能力、项目的重要性、紧迫性、风险度等因素将剩下的工作分派出去，由员工负责完成。

（2）克服授权障碍，提高授权效果

经上所述，授权障碍一般来自不安全感、不信任感。所以，为了提升授权效果，管理者必须取得员工的信任，与员工建立合作关系，引导员工集中所有精力、能力开展工作。比如，在工作开展的过程中，管理者要将成本、质量、效益等信息与员工共享；通过改革组织结构鼓励员工建立清晰的工作目标，合理划分责任范围；在企业内部推行团队管理模式，赋予团队决策权，让团队为绩效负责。通过克服授权障碍，企业管理者可以和员工开展有效沟通，创建一个高信任度的工作环境，保证授权效果。

（3）进行有效沟通，创建信任环境

成功授权要建立在开诚布公与有效沟通的基础上。在授予被授权人权力时，管理者必须保证被授权人了解任务，明确任务目标，并将自己对任务最终成果的期望告知被授权人。被授权人要明确自己的权限范围。如果被授权人认为自己获取的权力不足以支持任务开展，或者对授权方案存在异议，最好在授权之初提出，并阐明理由，不要在出现问题或任务无法按时完成时再向管理者抱怨，导致任务无法顺利推进，授权效果不佳。

（4）掌握授权技巧，提高工作效率

采用合理的授权技巧，授权效率将大幅提升。大部分管理者都喜欢开早会，在会上安排工作。从管理者的角度来看，这种安排工作的方式比较简便。但如果管理者在下班前召开会议安排第二天的工作，员工会更加明确自己的任务，能够在当晚或第二天一早就制定工作计划，全天投入工作，使工作效率得以大幅提升。事实证明，这种安排工作的方法非常有效。

（5）监控工作进展，给予必要支持

为保证授权效果，管理者要在授权之后对被授权人的工作进度进行追踪，保证被授权者的所有工作都在向最终目标迈进。另外，在工作过程中，管理者要针对员工的工作给出一些有实际意义的反馈，赞赏员工、关心员工，及时给员工提供帮助与指导。另外，管理者要定期组织员工召开会议，通过会议了解各项工作的进展，对不同阶段的工作做出科学评估。

（6）评价工作表现，给予必要奖励

管理者不仅要在工作完成后对工作完成情况进行评估，还要在工作开展的过程中做好评估。在授权过程中，如果管理者发现被授权人负责的工作出现了重大问题或偏离了既定的方向，就要及时提供指导，以防酿成不良后果。如果被授权人某个阶段的工作成绩非常优秀，管理者就要及时给予赞赏与鼓励。

工作开展过程中的评价固然重要，工作完成后的评价更加重要。员工完成任务之后，管理者要根据员工在工作过程中的表现、任务完成情况做出客观、科学的评价，积累成功的经验，改进不足之处，以便今后更好地开展工作。

“管理是实践的艺术”，所以，要想激发员工潜能，调动其工作的主动性、积极性、创造性，管理者就必须信任员工，做好授权。只有如此，员工才会对企业产生归属感，才会全身心地投入工作。

CHAPTER 10

塑造文化：基业长青的永续法则

企业文化：打造永续经营的组织

企业文化建设的思路与要点

激活个体：唤醒员工心中的巨人

以员工为中心的人性化管理

营造学习型企业文化氛围

利益分享是最好的企业文化

企业文化：打造永续经营的组织

领导者在企业文化建设的过程中发挥着关键作用，其个人价值观往往会在企业文化中得到充分体现。某种程度上，我们可以将企业产品看作领导者通过设立一系列规章制度使个人价值观转变为组织文化，并和资金、土地、设备等资源相结合所创造出的一种物质文化产物。领导者推动企业长期发展的过程，也是培育企业核心价值观的过程。

物联网、大数据、云计算等新一代信息技术的应用，进一步增加了市场的不确定性，企业参与市场竞争的过程中充满了变数，尤其是那些跨界而来的颠覆者，更是让企业防不胜防，部分行业巨头因此而没落甚至被收购，而人们对中小企业破产或转型早已习以为常。如何通过企业文化建设，提高组织活力与生命力，实现基业长青，是中国企业亟须解决的重要问题。

◆企业文化是企业持续成长内在动力

（1）企业文化的内涵界定

麻省理工学院教授艾德佳·沙因（Edgar H. Schein）在其出版的《组织文化与领导力》一书中分析了文化的本质，他认为：“文化是一个特定组织在处理外部适应和内部融和问题中所学习到的，由组织自身所发明和创造并且发展起来的一些基本的假定类型，这些基本假定类型能够发挥很好的作用，并被认为是有效的，由此被新的成员所接受。”

通过对艾德佳·沙因等管理大师关于组织文化的研究与分析进行总结不难发现，组织文化主要包括三个层次，而且它们之间并不是完全独立的，会相互影响。

★物质层，处于组织文化的最外层，是看得见、摸得到的事物，比如，制服、组织结构、组织过程等；

★制度层，处于组织文化的中间层，主要是一系列的规章制度；

★精神文化层，处于组织文化的核心层，包括那些潜意识的思想、感觉、信仰等。

（2）企业文化对于企业持续成长的传导机制

该机制遵循从核心层到中间层，再到最外层，也就是从精神文化层到制度层，再到物质层的路径，具体表现为“理念—制度—行为—习惯—效率—价值—成长”。

某种程度上，我们可以将企业的可持续发展理解为市场能够长期接受企业的产品或服务，究竟是否存在这样的产品或服务呢？答案当然是否定的，产品或服务都是存在一定生命周期的，而且产品生命周期越来越短、产品更新迭代速度越来越快，比如苹果公司每年都会推出新款产品来迎合消费需求，那些不能迎合用户需求变化的企业很快会被淘汰出局。

所以，从产品或服务着手来实现企业的可持续发展是很难达成预期目标的，更为关键是要借助企业文化的发展与传承，这需要确保企业文化和社会主流价值观相一致，能够随着时代环境与用户特性而不断变化。

领导者通过设立规章制度来向组织成员传递其个人观念、思想，从而形成制度文化。不同领导者创业的初衷存在一定差异，有的是为了追求财富，有的是为了证明自己，有的是为了改变世界等，但组织架构、规章制度、奖惩机制等无一例外地都会体现出领导者的个人主观色彩，这是领导者希望员工能遵从自己意愿，接受其个人价值观的具体体现，是个人价值观内化为企业价值观的过程。

从心理学角度上来分析，人的行为受价值观的影响，同时，其行为又会反作用于价值观，起到进一步强化价值观的作用。组织成员按照统一的组织价值观开展生产经营活动，会有更高的效率，而设计组织文化有助于加强这一过程。

产品属于企业物质文化的范畴，而为了迎合动态变化的市场环境与用户需求，企业需要不断对物质文化进行优化调整，从而推动产品的更新迭代。想要用一件产品来让企业实现可持续增长是不切实际的，比如，PC 业务无疑曾经是 IBM 崛起的关键，但为了更好地适应未来，2005 年，公司领导者彭明盛（Samuel Palmisano）果断将 PC 业务出售给联想，促使向软件服务与综合解决方案供应商转型，2008 年 IBM 又提出了“智慧地球”战略，向物联网、云计算、人工智能领域进军。

企业文化是有生命的，使员工在规章制度、组织环境等因素的影响下，逐渐根据企业核心价值观建立个体价值观。企业文化对组织结构的影响是十分深远的，它会在企业内部形成一种特定的氛围。能够适应这种氛围的领导者能够顺利地开展工作，不能适应的领导者不但不会带领企业前进，还会成为企业发展的阻碍。因此，有些企业经历了多位领导者后仍然保持较强的生命力，有的企业则在创始人退休后迅速走向没落。

◆领导者是企业文化的缔造者

领导者是企业的掌舵者，通过发挥其个人人格魅力以及推出各种规章制度来创造企业核心价值观，在无形中影响组织成员的行为与决策。

（1）企业文化的核心理念来自领导者

所有组织成员都会对企业文化产生一定的影响，但核心部分是由领导者主导的，从领导者到高管，再到中层，最后到基层。因此，领导者是企业文化主旨的设计者。对那些顶级跨国企业进行深入调查分析不难发现，其企业文化中普遍存在着中心思想，而这些中心思想的形成往往和历任领导者存在直接关联。

（2）企业文化的推动力量来自领导者

企业文化在企业建立之初便已经存在，只不过最初的企业文化是模糊的、混沌的，在企业发展到一定阶段后，企业文化对企业发展的重要作用凸显出来，在领导者的主导下，企业开始对企业文化进行总结，并为其发展与传承提供制度保障。

在松下产品畅销国内国际市场后，被日本称为“经营之神”的企业家松下幸之助并未因此懈怠。为了让松下实现可持续发展，他要求所有组织成员必须践行并传承松下企业的文化与精神，比如，“靠良心的技术连接世界”“开展公平竞争”“通过电子技术为社会做贡献”等。

（3）企业文化的演变驱动力来自领导者

具有前瞻性思维的领导者往往会成为企业文化革新的重要驱动力，在拐点到来之前积极创新，为企业塑造迎合时代发展的新文化。在这方面，通用电气前CEO杰克·韦尔奇就是典型代表。

1981年，杰克·韦尔奇成为通用电气掌舵者时，公司的市场竞争力和增速明显落后于日本企业。为了打破这一局面，杰克·韦尔奇用5年的时间对公司进行了大刀阔斧式的重大变革。变革不但涉及重组组织架构、推进组织扁平化等硬件革新，更强调文化创新、提高企业软实力。他认为企业管理并不是要通过各种手段来控制员工的思想和行为，而是要在组织内部建立更具适应性与合作精神的文化体系，让员工清晰地认识到自己的权力和责任，并且积极和管理者沟通，共同推动企业发展进步。

所以，在这一理念的指引下，当时的通用电气非常重视变革企业文化和员工思维模式，杰克·韦尔奇带领企业建立了一套全新的文化管理模式，实践证明，这些措施取得了十分积极的影响，在他担任通用电气CEO长达20多年的时间里，通用电气各项主要指标均保持着两位数的增长，成为一家业务广泛、多元化经营的跨国巨头，部分企业文化至今仍被通用电气所采用，是通用电气十分宝贵的无形资产。

核心价值观相当于企业文化的灵魂，领导者不但要提炼出清晰明确的核心价值观，更要为之建立相匹配的规章制度，来将其内化为组织文化以及员工的个人价值观。另外，企业文化只有适应时代发展趋势才能长期存续，所以，管理者要确保核心价值观与企业文化的设计充分结合社会环境。

企业文化建设的思路与要点

企业文化是企业生存发展的重要推动力。很多中国企业在国际市场接连受挫，和企业文化建设滞后存在直接关联。企业管理涉及了企业运行的方方面面，在具体实施管理的过程中，仅依靠利益驱动员工是远远不够的，还应该在文化方面对员工进行思想与理念的教育、引导，让员工为组织发展而共同奋斗。

◆企业文化建设的必要性认知

（1）为企业提供优秀人才。企业之争也是人才之争，缺乏人才的企业不能高效配置资源，经营效率低下，在市场竞争中明显处于劣势地位。谷歌、苹果、Facebook 等跨国巨头正是利用企业文化凝聚了一批行业顶尖人才。优秀人才在就业时，不仅单纯地考虑薪资待遇，更会思考企业是否能为他们提供优良的组织氛围，而企业文化是影响组织氛围的重要因素，如果员工不认可企业文化，其工作热情就难以提高。

同时，为企业建立清晰明确的文化体系，有助于公众更为深入地认识企业，对企业形成良好的印象，从而为企业从外部招聘优秀人才奠定坚实的基础。

（2）激励员工的精神驱动力。企业文化对组织成员的影响是深远的。员工在日常工作中会不知不觉地被企业文化影响，在企业文化与价值观指引下做人做事，有助于企业降低管理成本。企业文化就像灯塔之于黑夜中航行的船舶一般，在企业文化的支撑下，员工在行动时，会主动思考自己的做法是否符合企业文化，对自身行为进行规范。同时，企业文化也为员工提供了精神食粮，有助于提高组织的凝聚力。

（3）迎合文化管理主流趋势。回顾管理学的发展历程能够发现，企业管理从最初的经验管理，逐渐发展至制度管理，如今又向文化管理转变，这也是员工权力逐步回归的过程。最初，企业管理完全由管理者决定，员工只能像木偶一般听从管理者指挥；经过一段时间的发展后，企业开始认识到管理者的权力需要受到一定约束，员工也应该有一定的自主权，便通过建立管理体制机制，规范管理者的行为，并向员工授权；如今，随着人本思想在企业管理领域的应用，员工得到了更多的认可与尊重。用文化来驱动员工、满足员工精神追求的方法逐渐受到了企业界的青睐。

文化管理为企业提供了一种平等、合作、共赢的管理方式，有助于管理者和员工和谐相处，让员工更为愉悦、轻松地投入到日常工作中，从而提高其工作效率与质量，进而提升企业业绩。

◆企业文化建设应注意的几个问题

（1）加强企业道德文化建设，使其具备更强的时代感和生命力。

在继承与发扬吃苦耐劳、敢为人先等优良传统的同时，企业更要主动迎合时代趋势与市场竞争需要，重视竞争、效率、质量、诚信、法治，坚持用户至上、质量第一、以人为本、服务社会等主流社会理念和原则，提高组织成员的道德水平。

（2）加强企业形象文化建设，使其更具内涵，能够得到更多的外界支持。良好的企业形象，能够显著降低企业的营销成本，使营销策略取得事半功倍的良好效果，对增强企业公信力、帮助企业整合更多的优质资源等具有十分积极的影响。

（3）在生产经营活动中培育并弘扬现代企业精神。企业的可持续增长有赖于所有组织成员团结一致、群策群力，为企业制定更为科学合理的战略决策，更为高效、低成本地实现经营目标。在现代企业管理中，“人”是一项核心要素，企业精神可以看作组织成员的一种共同的理念、理想等，能够为组织成员的发展进步提供有效指导，充分发挥其潜能，在引导、鼓励员工的同时，也会对员工行为产生一定的约束作用。

当企业建立企业精神时，便意味着整个组织具备了一种心理定式，它可以影响组织成员的行为举止，让员工具备对组织、用户及社会负责的责任感，关注企业未来发展，积极维护企业的形象。

◆新时期企业文化建设的具体思路

（1）制定清晰而明确的企业文化战略，并为其落地提供保障。企业文化的建设有相对较长的周期，管理者有必要将其提升至企业战略的高度：

★明确企业愿景和使命，并建立与之相匹配的企业核心价值观、企业精神、规章制度等；

★设立企业文化管理机构，负责推进企业文化战略的制定及实施；

★为企业文化建设提供资金、硬件设施等物质支持；

★对企业文化战略进行不断优化完善，使其更加符合企业发展的需要。

（2）分清主次，把握重点，推进企业文化战略的实施，注重做好以下几点：

★加强宣传教育，避免形式主义。在这方面，可以通过有较强感染力的短视频、微电影等提高传播效果。

★领导者要以身作则，为员工树立标杆。

★对员工进行指导与帮助，领导者要充分发挥自身的人格魅力，和员工进行沟通交流，为员工提供有效帮助，而且领导者的个人价值观往往和企业文化有较高的重合度，领导者在帮助员工的过程中，也能促进企业文化的传播。

★善用仪式。很多人认为举行仪式是在走形式，但事实并非如此，村上春树在描述仪式感时，称其为“一种庄重而无声的力量”。仪式本身是一种很好的文化传播工具，同时，它能起到强化参与人员理念与精神的作用。

★建设文化网络。文化网络为企业开展文化传播活动、推进文化策略落地等提供了有效渠道。

★建立激励机制。企业文化是一种看不见、摸不着的事物，其在企业中的发展与传承也应该得到长效激励机制的保障。

（3）积极开展企业文化创新。企业文化建设的内容、策略、方式方法并非是固定的。受企业发展阶段、时代潮流、用户需求等改变的影响，企业要对文化进行优化调整，这要求领导者要积极学习新思想、新理念、新模式等，为企业文化注入新元素，丰富其内涵，使其保持时代感、具备较强的生命力。

（4）理清企业环境和企业文化间的联系。企业是无法脱离社会环境而存在的，领导者必须认识到这一点。在推进企业文化建设时，充分考虑企业的环境因素，才能让企业文化得到更多的外界认同。

企业文化为企业的长期稳定发展提供了源源不断的活力与发展动力，它能够团结组织成员，加强公众对企业的认识，促进企业良好形象的建立。所以，领导者应该将企业文化建设作为实现企业可持续发展的重要武器，在以人为本、用户至上、合作共赢等新时代理念的指引下，不断提高企业的价值创造能力，创造巨大经济价值与社会价值。

激活个体：唤醒员工心中的巨人

员工是企业的一项核心资产，如何激活其潜能，是管理者每天都在思考的重要问题，金融数据和分析工具服务商 Wind 的数据统计显示，沪深两市的3200 多家上市公司（去除金融机构）中，仅 34 家企业的账面上没有无形资产，但上市公司的无形资产占总资产的平均比例仅为4. 81%，比美国低 15 个百分点。企业的无形资产以知识产权为主，而员工是知识产权的主要贡献者，所以，充分释放员工潜能，对企业的长期发展具有不可取代的重要作用。

不过，大部分企业管理者更愿意在盈利、市场份额等财务性指标方面投入精力，而忽略了对员工潜能的发掘，未能找到“如何让员工积极创新”“如何为员工建立优良发展平台”等问题的有效答案。当员工的积极性和创造力得不到发挥时，整个组织就会显得死气沉沉，缺乏斗志和进取心，导致企业在激烈的市场竞争中处于劣势地位。员工是企业战略的执行者，是直接对接用户的服务者，更容易感知外部变化，是领导者必须充分利用好的一项资源。

美国西南航空公司（以下简称“西南航空”）将员工视为公司竞争优势的重要来源，主动为员工提供各种资源，提高员工的专业技能和综合素质，从而推动公司的业绩增长。统计数据显示，西南航空具有明显的成本优势，其航班平均成本为7.1美分/英里，而行业平均水平为10美分/英里。

西南航空之所以能够获得较强的成本领先优势，和该公司激活员工，显著提高员工生产率存在直接关联。比如，西南航空的登机口仅设置1位服务员，地勤人员不会超过6人，而行业平均水平为3位服务人员和12名地勤；西南航空的航班从顾客到达登机口到起飞往往仅需15分钟，而联合航空公司、大陆航空公司等竞争对手通常需要35分钟。

“团结合作”“尽可能地提高工作效率”“提高航班服务水平”，被写入西南航空的企业文化之中，飞行员在很多航空公司中往往有较高的地位，西南航空则不同，该公司的飞行员将同事看作密切合作的伙伴，通过相互帮助来为顾客提供优质出行体验，所以在西南航空，当有些顾客需要搬运行李时，飞行员会主动提供帮助。

企业应该给予员工足够的信任，为他们塑造优良的工作氛围，提供公平、公正的发展平台，让员工可以认识到自身在组织发展中发挥的作用，主动承担责任和义务。这将有效提高员工的创造力，使他们乐于为其他同事提供帮助，从而提高企业业绩。具体而言，在经营管理实践中，领导者需要做好以下几点来激活员工（见图10-1）：

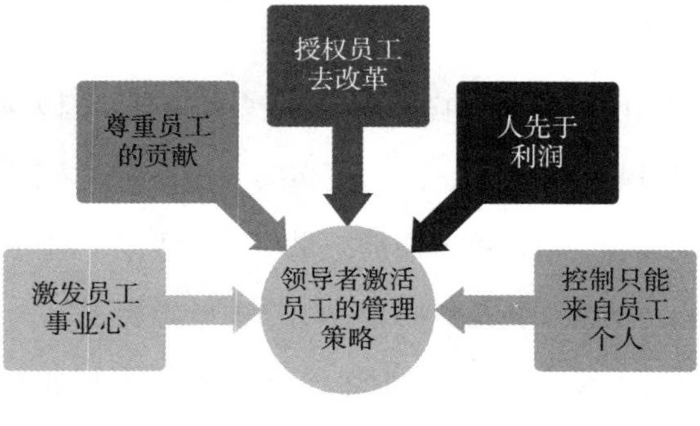

图 10－1　领导者激活员工的管理策略

◆激发员工事业心

事业可以让个体为之奋斗一生，对员工事业心的激发尤为关键。然而大部分员工仅是将工作视为谋生的工具，远达不到事业的高度。想要解决这一问题，管理者首先需要深入了解员工，认真听取他们的反馈意见，了解其兴趣和抱负，并给予其足够的尊重，在此基础上，让员工参与决策，使其意识到自身对组织的重要价值，及其自身工作对企业战略目标实现所产生的影响。

◆尊重员工的贡献

人本身作为一种社会性动物，渴望获得外界的尊重。得到被他人尤其是等级比自己高的管理者的尊重可以让员工获得成就感、满足感，从而让员工主动在工作中投入更多的时间和精力。

尊重员工是要落到实处的，不能简单地喊口号。所以，企业既要提供良好的薪资待遇（也就是满足其物质需求），又要注重满足员工的精神需求，节假日时送上祝福、组织员工参与线上线下娱乐活动、向员工颁发荣誉证书等。

◆授权员工去改革

获得一定权力的同时，员工也要承担更多的责任。因为被授予权力后，员工一方面要回报上级的信任，承担更多的工作；另一方面拥有某些方面的权力，也就代表着要对这些方面的结果负责。所以，向员工授权有助有其提高其事业心。不断革新是保障企业生命力的重要手段。员工作为企业发展的基石，其改革能力和积极性对企业革新具有十分关键的作用。所以，企业管理者应该向员工充分授权，鼓励他们主动进行革新。

◆人先于利润

管理方式是影响员工积极性、创造力的重要因素。人本管理是现代企业管理的主流趋势，它要求企业将人的地位放在利润之前。哈罗德·孔茨和海因茨·韦里克联合出版的《管理学：国际化与领导力的视角》一书中提出了领导者应该具备四种关键能力：

（1）高效运用权力，并对造成的结果负责；

（2）理清不同环境、不同时间下的激励因素；

（3）鼓舞人心；

（4）塑造良好氛围，激励员工完成工作目标。

通过分析不难发现，在这四种能力中，哈罗德·孔茨和海因茨·韦里克对“人”这一要素的重视明显超过利润。不同人的兴趣爱好、性格、能力等是不同的，让不同的员工协同合作，更为高效、低成本地完成组织目标，是管理者的一项重要职能。从这一角度来看，领导员工对领导者的个人影响力提出了较高的要求。让员工心甘情愿、充满激情地工作，是领导者的最高境界。

◆控制只能来自员工个人

让员工自我管理、自我控制要比管理者进行外部干预有效得多。苹果前 CEO 约翰·斯卡利（John Sculley）在执掌苹果时，为苹果塑造了授权文化。具体而言，他用“乐团指挥”生动形象地描述了加强员工自我管理的重要意义。

在一个乐团中，乐团指挥通过对舞台布置进行优化、提供一定指导等，让艺术家迸发出更多的灵感，发挥着激发乐团创造性的关键作用，在苹果公司中做领导者亦是如此。领导者要让富有创造力的组织成员像艺术家一般创作出优秀的作品，就不能给予过多的外部干预。

员工发挥创造性需要自由、直觉、不确定性、打破常规，而传统企业管理强调统一、确定、规范，二者之间存在一定的矛盾冲突。苹果通过塑造授权文化，让管理者为员工消除一系列阻碍因素，并为员工提供资源支持，让员工可以自由发挥自身的想象力与创造力，而不会被条条框框所干扰。

一个优良的发展平台是员工充分发挥自身创造力的保障。管理者应该让员工得到自我发展的空间，而不是通过各种手段试图对员工进行控制和干预。是否要设立管理机构应该由员工发展是否需要来确定，公司的职能安排、人员配置、工作形式等也要根据具体项目来确定，而不是领导者根据个人喜好、主观臆断来抉择。

以员工为中心的人性化管理

人性化管理是一种在经营管理活动中充分考虑人性要素、致力于发掘员工潜能的管理模式，如今，这种管理模式正被越来越多的国际企业所采用。

◆人性化管理的必要性

适度管理是现代企业管理应该遵循的重要原则。“人”是企业最基本、最核心的构成要素，主导战略的制定、执行及改善，通过不断创新产品与服务迎合用户的美好生活需要，所以，企业在开展人性化管理、让员工高效完成工作任务的同时，还要给予其足够的自由空间，从而提高员工的满意度，增强企业市场的竞争力。

（1）使企业构建核心竞争力

“人”是企业创造价值的核心驱动力。在人性回归的现代社会中，人性化管理是现代企业的必然选择。所有管理者都应该积极开展人性化管理，并使其成为企业的一项长期战略。

在社会活动中，人是最为宝贵的资产。人性化管理倡导尊重员工、让员工有较高的自由度和选择权，有助于培养多元化人才；同时，人性化管理可以激励员工，让员工形成责任感，更为积极主动地完成工作任务，从而增强企业的核心竞争力。

（2）完善企业管理机制

人性化管理并不是要否定制度化、规范化。一家企业的长期稳定发展，离不开完善的管理制度。在管理领域，人只不过是企业管理的要素之一。对员工进行人性化管理，一方面可以在企业内部塑造优良的工作氛围，另一方面能推动企业管理运营机制的落地执行，推进企业管理体制机制的日益完善，进而逐步提高企业的经营管理水平。

◆人性化管理具体内容

西方发达国家在人性化管理方面取得了颇为良好的实践效果，形成了一套相对完善的人性化管理文化理论。近年来，随着科技的快速发展，人类社会的生产力不断提高，人性化管理逐渐在发展中国家得到应用。下面对人性化管理的具体内容进行深入分析，以便为国内企业实施人性化管理提供有效的指导（见图 10－2）。

（1）情感管理

情感管理要求管理者重视员工的情感与精神需求，结合员工的情感倾向性、可塑性等特性，运用差异化的管理方式方法，帮助员工缓解或消除消极情绪和情感，激发其工作热情，释放其活力与创造力，引导他们实现组织目标。

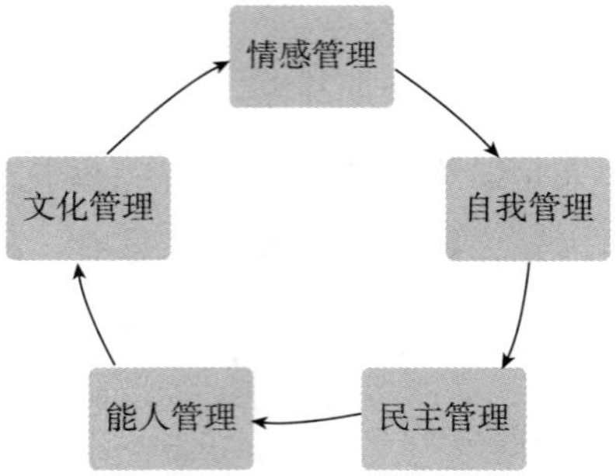

图 10－2　人性化管理具体内容

（2）自我管理

自我管理能够让管理者全面审视自身的特性、能力、资源等情况，在此基础上充分激发其自身潜能，实现自我超越。正如管理大师彼得·德鲁克所指出的："有效的自我管理，就是要清楚自己的归属与职场价值以及自己的贡献是什么，而这些必然要建立在对自我的正确认识以及对自我的正确判断基础之上。"

让员工进行自我管理，并非是让管理者对员工放任不管，而是要充分调动员工的积极性，让员工分解企业的战略目标得到适合自身的个人目标，并利用多种手段来实现个人目标，通过这种方式统一个人利益和组织利益，实现员工和组织的合作共赢。

（3）民主管理

民主管理强调让员工充分参与企业决策。在经营管理的实践过程中，管理者要让员工积极发声，让他们为企业的发展贡献智慧，从而提高决策的科学性，并让员工意识到自己是企业的建设者，促使他们树立主人翁心态，为企业创造更多的价值。

（4）能人管理

能人管理是一种管理者充分发掘并任用人才，通过发挥优秀人才的智慧，提高企业经营管理水平的管理模式。人才的发掘要求管理者和员工深入进行沟通交流，并创造让人才可以展现自我的机会，同时对人才给予足够的信任，向其充分授权，为其发挥才智奠定坚实的基础。

（5）文化管理

文化管理可以看作人性化管理的高级形态。企业通过开展文化管理，可以让组织成员形成统一的核心价值观，对其行为进行规范、引导。在企业文化的作用下，整个组织将会具备更强的凝聚力与战斗力，在市场竞争中获得更多的领先优势。

◆人性化管理实现途径

企业要向实现人性化管理的落地，就必须加强管理者和员工之间的沟通，关爱员工，将情感管理和制度管理有机融合，为员工发挥自身才能提供优良平台。

（1）了解人性化管理的内涵，规范管理体系

人性化管理是企业管理的重要手段，其内涵在于让员工的成就感、归属感、公平感、安全感得到满足，并从这些方面着手，对企业的管理体系进行规范：

★描述公司未来的前景及战略规划。前景不明、战略规划不清晰的企业难以为员工描述一个确定性的未来。这种情况下，当企业遇到各种问题时，员工会缺乏信心，对未来感到迷茫，自然不能获得安全感，导致企业现员工流失率过高的问题。

★建立完善的绩效考核体系。这是员工获得成就感、公平感的重要保障。员工付出劳动后，可以获得物质与精神奖励，从而获得成就感，而创造价值较多的员工可以获得更多的回报，又能感受到企业的公平。

★建立完善的内部沟通体系。在企业内部，同级、同部门的横向沟通通常较为便利，但横向沟通获得的信息维度较窄，仅有横向沟通是远远不够的。在企业内开展纵向沟通也是很有必要的，但由于纵向沟通是跨部门、跨层级沟通，若缺乏完善的沟通体系，是很难有效开展的。

（2）采取情感激励，深入人性化管理的实质

情感激励是企业满足员工更高层次的情感与精神需求的重要保障，要求企业将尊重、沟通、信任等人性化管理核心要素运用到管理实践之中：

★尊重。尊重是员工的基本要求，不尊重员工的企业是很难留住人才的。企业管理者需要灵活运用多种管理手段，让员工感受到企业对他们的重视与尊重，增强组织内部凝聚力和外部竞争力，推动企业不断发展壮大。

★沟通。沟通能够增强员工之间的了解程度，有助于企业内部信任关系的建立。一方面，管理要人员积极向员工分享企业信息，让员工逐渐认可企业文化和价值观，对组织产生依赖感；另一方面，管理人员要积极让员工提供反馈意见，认真倾听他们的声音，帮助他们解决各种困难。

★信任。组织成员相互信任，才能让整个组织拧成一股绳，齐心协力地推动组织发展，而不是相互猜忌，为蝇头小利钩心斗角，导致内部山头主义横行。因此，管理者要加强员工和员工以及员工和管理者之间的信任关系，为组织成员高效协同合作提供强大的推力。

综上来看，员工是企业价值的创造者，是企业实现盈利这一终极目标的有效支撑。人性化管理有助于充分发挥员工的价值。因此，管理者必须对人性化管理进行深入研究并灵活应用，将员工视作合作伙伴，让企业和员工互惠互利、共创共赢。

营造学习型企业文化氛围

面对激烈的市场竞争，企业需要具备较强的创新力、适应力，要能够对资源配置、战略规划等不断进行优化。为此，企业要成为一个学习型组织，使组织成员能够不断学习新知识、新技能、新模式等，从而不断成长进步，推动企业稳定增长。学习型组织呼唤学习型企业文化的建设，那么，应该如何为企业构建学习型企业文化呢？

◆学习型企业文化的内涵

学习型企业文化是指管理者将学习型组织理论应用到企业文化建设之中，使企业最终成长为一家学习型组织的企业文化。它重视对人的经营管理，注重提高人的综合素质，致力于让员工和组织实现协同发展。

学习型企业文化鼓励员工不断发展、进步，注重开放、灵活、创新，其形成要求企业建立统一的愿景、使命、核心价值观等，能够发掘员工才智，促使员工不断自我发展，有利于提高员工的系统化思考能力，进而增强企业的竞争力。

◆学习型企业文化的创建原则

企业要想建设学习型企业文化，就要提高员工的学习力，对其精神进行训练，并帮助其塑造诚信正直、有责任心、有较强抗压能力与沟通协调能力的美好心灵，逐渐让员工对企业建立较强的信任关系，从而提高组织凝聚力。在实践过程中，企业要坚持以下原则（见图 10 –3）：

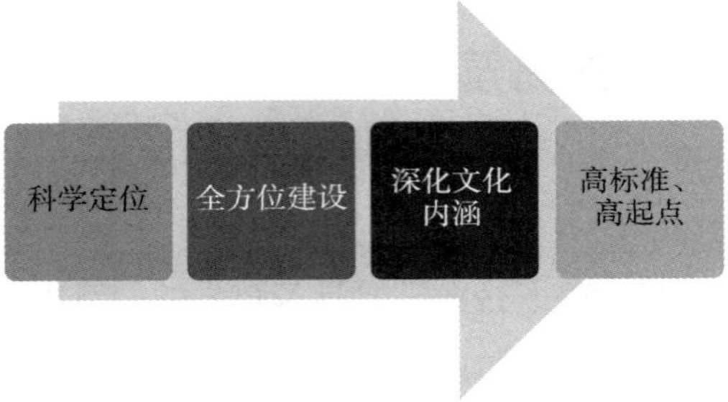

图 10 –3　学习型企业文化的创建原则

（1）科学定位。深入结合企业现状，对企业进行系统诊断，结合企业的战略目标对学习型企业文化进行定位，确保文化建设服务于战略目标的实现。

（2）全方位建设。企业文化涵盖了管理文化、形象文化、视觉文化、营销文化、品牌文化等多个方面，所以，学习型企业文化的建设要充分考虑到这些方面。当然，因为管理者的资源与精力有限，同时开展多个方面的企业文化建设恐怕很难达成预期效果，更为可行的方案是分清重点、有序推进。

（3）深化文化内涵。企业文化的内涵是企业在长期发展过程中对积累的知识的凝练和创新，和企业的管理风格与经营特色存在直接关联，这也决定了不同企业的文化内涵有所不同。学习型企业文化亦是如此。在推进其建设过程中，管理者需要注重对知识的积累与总结，不断丰富企业的文化内涵，从而提高组织的凝聚力，建立良好的公众形象。

（4）高标准、高起点。企业文化一旦形成，就会对组织成员产生深远影响。不完善的企业文化容易给企业长期带来较大的负面影响。因此，学习型企业文化的建设应该坚持高标准、高起点的原则。

◆学习型企业文化的创建途径（见图 10－4）

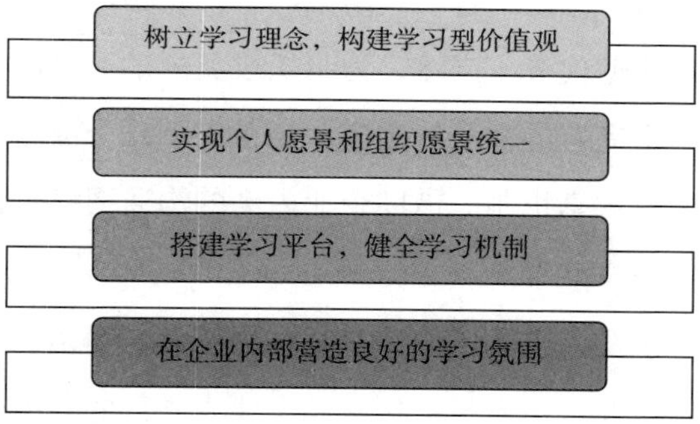

图 10－4　学习型企业文化的创建途径

（1）树立学习理念，构建学习型价值观

让组织成员树立学习理念乃至学习型价值观，是学习型企业文化建设的基础。理念和价值观影响员工的思维与行为，在员工日常生活与工作中都能得到体现。在树立学习理念和学习型价值观的过程中，管理者应该让员工意识到学习是组织创新变革的重要驱动力，也是丰富个人生活、实现自我价值的重要手段。由于知识是无穷无尽且不断变化的，所以，让组织成员树立终身学习的理念也是很有必要的。

（2）实现个人愿景和组织愿景统一

共同愿景是组织成员共同认可、并愿意为之共同奋斗的愿景，但让组织成员形成共同愿景并非是简单的事情，需要管理者对员工的个人愿景进行分析、提炼，从中找到共同愿景。当然，这要求组织成员在日常工作中进行充分的沟通交流，在公司内部建立起一种包容、开放、自由的组织氛围，让组织成员可以表达对不同愿景的观点、看法等，最终形成共同愿景。

（3）搭建学习平台，健全学习机制

学习平台为组织成员提供了一种人人皆可参与、多方沟通共享的学习场所，培训平台、会议平台、网络学习平台、学习活动平台、图书资料库平台等都是典型代表。当然，为组织成员的学习提供机制保障也是很有必要的。一个完善的学习机制应该涵盖以下几个部分：

★知识和信息共享机制。借助企业内部的沟通网络，让组织成员进行充分的知识和信息共享。

★开放性知识交流机制。主要包括利用研讨、互访、参观学习、线上沟通等方式让组织成员有机会接触到企业内外部的各种知识和信息。

★外部知识内化机制。邀请业内专家学者对先进的业务知识、技能，管理理念和模式等进行讲解，并由专业人员对这些知识进行整理，使其更加符合企业的实际情况，帮助组织成员不断提高业务能力和综合素质。

★学习激励机制。为组织成员的学习进步提供物质和精神激励，创造一种自主学习、开拓创新的制度环境。

（4）在企业内部营造良好的学习氛围

★为组织成员提供终身学习及共享知识的文化氛围，帮助他们养成终身学习的良好习惯，鼓励员工相互学习，使学习内化为企业文化，增强员工的学习动力。

★培养员工自我突破、追求卓越的挑战精神，创新企业的管理模式与方式方法，使员工充分发挥想象力和创造力，提高企业的市场竞争力。

★塑造允许失败的文化环境。并非所有的创新都能取得成功，即便技术、模式可行，企业创新也不一定能创造足够的利润。当员工在创新活动中遭遇挫折甚至失败，其信心会受到打击，如果此时企业不进行鼓励，反而追究员工的责任，会对员工造成进一步的伤害，给企业的可持续发展带来不利影响。因此，企业应该正确认识创新失败、包容失败，为员工塑造允许失败的文化环境。

综合来看，建设学习型企业文化是值得企业管理者在其职业生涯中为之长期奋斗的。为了取得理想的效果，管理者不仅要掌握其逻辑与内涵，还要找到合适的策略、方法，将理论和实践充分结合。

利益分享是最好的企业文化

企业文化对企业发展的重要价值已经在诸多案例中得到了充分证明。管理者要在企业文化中强调不同的要素，在潜移默化中对员工的行为及决策施加影响。比如，有的企业强调责任要素，让组织成员树立对岗位、部门、企业及用户的责任心。

20 世纪 80 年代初，多家日本企业成为美国企业在国际市场上的强大竞争对手，导致部分美国企业被淘汰出局。为了破解日本企业崛起的奥秘，一批美国学者对日本和美国企业的管理模式进行了研究分析。经过对大量案例进行分析，研究者发现美国企业管理模式对三个“硬性S”（战略、结构及制度）过度关注，而忽略了四项“软性 S”（人员、技能、作风、共同价值观）。而日本企业能够赶超美国企业的一项关键要素在于，它们能够兼顾制度与文化，利用企业文化建设，赋予员工责任感、事业心，增强他们对企业的认同感、归属感，促使他们在共同目标的指引下协同合作，为企业创造巨大价值。

◆以人为中心，打造利益分享的企业文化

利益分享是员工和企业互惠互利、合作共赢的体现，也是人本管理的具体要求，其对员工的激励作用是显而易见的。

（1）企业文化定义了企业的游戏规则

我们可以从以下三个层次来理解何为“企业文化定义企业游戏规则”：

★显性物质层，包括企业形象、工作环境、产品外观和包装、组织标志等；

★中间制度层，以各类规章制度为主；

★内在精神层，包括企业愿景、使命、价值观等，其中，核心价值观是企业文化的基础。

（2）企业文化建设的内容

★建立积极、正向价值理念；

★坚持以人为中心；

★重视礼仪建设，使企业文化成为一种习惯；

★在公众心中树立良好的企业形象；

★营造优良的组织氛围；

★建立先进的管理制度。

（3）企业文化建设的方法

★利用规章制度使企业文化向组织成员不断渗透；

★树立标杆人物，让企业文化人格化、具象化；

★利用线上线下活动，统一组织成员对企业文化的认识；

★利用仪式活动，让企业文化成为组织成员的信仰；

★通过优良风气和氛围，让企业文化成为员工的思维定式。

（4）企业文化建设的思路

★明确价值标准。该标准要迎合企业的战略目标，统一组织成员的理念和梦想，而且要体现出积极承担社会责任；

★总结提炼。提炼内容包括宗旨、理念、口号、企业形象、企业精神、经营理念、核心价值观等；

★增强员工认同。开展一系列的宣传教育活动，树立践行企业文化的标杆人物；

★巩固落实。为企业文化建设提供制度保障。管理者要严格要求自己，给员工树立榜样。

◆平衡工作与生活，打造事业、生活共同体

工作除了是谋生的工具之外，还能体现人的价值，让人得到外界的认可与尊重。一家以人为本的现代企业，不但要争取让员工创造更高的业绩，还要让员工实现工作和生活之间的平衡，让员工长期保持较高的工作热情，使其愿意为个人与企业的共同发展而奋斗。

在管理实践中，企业可以从学习、休闲、健康、理财等多个方面对员工任务进行设计，让员工平衡生活和工作，实现与企业的合作共赢。比如，利用弹性工作制、远程办公、灵活排班等方式，使员工有更多的时间照顾家庭；倡导和谐友爱、团结互助的企业文化，让组织成员像家人一般和谐相处，最终使企业成为员工的事业共同体、生活共同体。企业可以借鉴以下几种策略：

（1）提供多元化的基础服务和设施。比如，在企业内部及周边建立茶水间、休息室、洗衣间、图书馆、便利店、幼儿园等。

（2）引导员工成立各类兴趣小组，比如，棋牌小组、游戏小组、旅游小组等。组织员工参加休闲活动，比如，聚餐、同城旅游、文艺大赛等。

（3）设立员工服务基金，为员工服务提供资金支持。

（4）在法定节假日及员工个人的重要节日（比如结婚纪念日、生日等），为员工送上祝福。

◆模糊劳资关系，建立利益、命运共同体

传统的利益之上原则，使员工很难对企业产生信任，员工忠诚更无从提起。以往，员工将企业和自身的关系看作简单的雇佣关系，企业支付薪水，自己付出一定的劳动。在这种观念下，员工自然不愿意全身心地投入到工作之中，会给企业发展带来不利影响。

现代企业想要解决这一问题，就要模糊、淡化劳资关系，利用激励措施让员工和企业形成利益共同体乃至命运共同体关系，让员工自觉、主动地工作，提高企业的活力与生命力。

（1）长期培训计划

企业不仅要通过培训增强员工的知识、技术、技能等业务能力和综合素质，还要帮助员工更好地理解组织及其个人目标，认可企业文化。从另一个角度来说，让员工参加长期培训计划本身也说明企业对员工的重视，能够对员工产生一定的激励作用。

（2）利润分享计划

利润本身是由员工创造的，表面上看，与员工分享利润，会降低股东的收益，但事实上，这种方式能够激励员工创造更多的价值最终股东

的整体收益不但不会减少，还会明显提升。实践证明，在愿意和员工分享利润的企业中，员工会在提高质量和效率、控制成本、服务顾客等方面做出更多的努力。此外，利润分享计划对吸引并留住人才是非常有效的，要求企业给予高度重视。

（3）股权激励

对核心员工或高管进行股权激励是企业进行利益共享的主流方式，在实施股权激励的企业中，激励对象不但是劳动者，还是企业的主人，会对企业的经营管理更为关注，尽最大的努力去推动企业业绩的改善，从而使自身和企业获得更高的利润。目前，股权激励已经被越来越多的国内企业（尤其知识、技术型企业）所采用，常见的股权激励方式包括期股激励、员工持股计划、股票期权激励三类。

后　记

1993 年，我大学毕业，工作了一年后在甘肃老家创办了一家职业技术培训学校和一家电脑科技公司。创业不久就赚到了人生中的第一桶金。而那时的自己，只是个二十出头的毛头小伙子，少年成名难免有些心高气傲、志得意满，后来由于一系列的决策失误，导致公司经营亏损严重。就像许多创业公司一样，我的第一次创业最终没能逃脱失败的命运。

1997 年，我南下深圳寻找机会。深圳是创业者的天堂，它所特有的创业创新的基因和氛围吸引了大批年轻人来到这座城市追逐自己的梦想。当我第一次踏上这片热土的那一刻，我就暗暗鼓励自己：一切都要从零开始，一定要比别人付出更多的努力。

有了第一次创业失败的经历，让我从中吸取了不少经验和教训，对于创业的认识也多了一份敬畏之心。我意识到，要实现从 0 到 1 的蜕变，并非一蹴而就。正如古人所说的，“行远必自迩，登高必自卑”。

所以来到深圳后，我收敛起曾经的孤傲与轻狂，脚踏实地地从普通打工者做起，也曾经历过人生中的“至暗时刻”，但最终还是凭借着自己的勤奋和努力支撑下来。在经过了几年的历练之后，我从普通职员一路做到集团高管的位置。

2002年，我放弃了稳定的工作、优厚的待遇，创办了深圳市方腾数码科技有限公司，开启了人生中的第二次创业。公司主要从事MP3/4 Player、PC Camera、DVB－T等产品的研发、生产与销售。当时，在国内和国际市场巨大需求的驱动下，我公司旗下的数码产品曾火爆一时。2004年，深圳市方腾数码科技有限公司的创业事迹有幸被收录到《经典深圳：深圳经济特区改革成果丛书》中。

然而几年以后，随着IT行业新一轮洗牌的到来，公司的数码产品逐渐从投入市场到退出市场，最终走向没落。2008年的金融危机更是让企业的经营雪上加霜，在此背景下我不得不关掉了自己的公司，寻求新的利润增长点。

经过几年的沉淀与思考，我将目光锁定在汽车电子行业，创立了深圳咏华盛世技术有限公司——一家专注于智能车载终端产品的开发、设计和销售为一体的高新技术企业，致力于为客户提供车联网整体解决方案。

目前国内机动车保有量达3.25亿辆，行车记录仪、ADAS等已经成为许多车主购车之后的标配产品，这个行业目前正处于市场蓝海，未来增长空间巨大；与此同时，目前车载终端产品市场尚处于也野蛮生长期，“品牌众多、良莠不齐”是该行业最明显的特征。对于在IT行业打拼多年的团队来说，技术和产品是我们的核心优势。我相信，凭借我们多年的技术积累和研发经验，完全有能力打造一个高端的车载产品品牌。

咏华盛世自成立以来，始终坚持“创新驱动”的核心理念，持续加大研发投入，不断开发新产品和技术升级。目前，我公司已经申请国家专利18项、软件著作权11项，并获得“国家高新技术企业”“深圳市高新技术企业”等多项荣誉。

2018年底，咏华盛世正式启动全球化战略，通过一系列并购整合行动，积极拓展全球产业链的市场协同、产品互补和技术共享，旨在打造国际领先的民族品牌。2019年，咏华盛世正式收购美国品牌“OS-BOO”并已顺利完成整合工作。除了积极布局美国市场之外，目前我公司也致力发展欧盟、日本、澳洲在内的境外市场，今年下半年将正式启动销售业务。

以上就是我的三次创业经历。之所以将我的创业经历书写出来，是想以抛砖引玉的方式与各位年轻的创业者、企业家交流一下我的几点经验：

（1）创业是一场充满变数和风险的博弈，其间必然会遭遇诸般挫折和坎坷。就我个人而言，每一次创业都是一次痛苦的蜕变，所以我能深刻地理解创业者的酸甜苦辣，理解创业路上的艰辛与迷茫。在此我也想告诫打算创业的朋友，当你决定要踏上创业之路时，你不仅要提前制订周全的创业计划，而且要做好承担任何风险的准备，甚至面临失败的准备。

（2）创业只是万里长征的第一步。对于任何一个CEO而言，在激烈的市场环境中，企业都要面临资本、技术、产品、管理等不同层面的竞争，而归根结底还是人才的竞争。如何构建一支具有强大执行力和战斗力的核心团队、引爆团队的强大势能，是考验企业CEO是否具备领导力的关键因素。

（3）企业领导者应该充分挖掘自己的正向价值，将正向理念融入自身的管理实践之中，给员工提供发展机会、释放其潜能，从而提高团队整体效能。思想决定行动，行动决定结果，想要让员工创造更高的价值，管理者还需要更多的从员工思想层面着手，提高其工作积极性和创造力。

在本书的最后，我要感谢中国经济出版社的张梦初和戴瑛两位编辑。在本书创作的过程中，为确保书稿内容创作得更加全面和完善，两位老师给我提供了许多宝贵中肯的指导建议，感谢她们在本书出版过程中付出的努力。

此外，我要感谢余歌老师。如果没有他的提议，我可能没有勇气提笔写作。正是由于他的鼓励才让我产生创作的动力，成为本书出版的契机。在与余歌老师交往的日子里，他一直鼓励我输出自己的价值，做一个有社会担当的企业家，在他身上我获益良多。

感谢我的太太，在近 20 年的共同生活中，她几乎承担了所有的家务，是她的包容让我有时间每天坚持阅读。感谢她在生活上对我无微不至地照料，在事业上对我的全力支持；感谢我的儿子豆淙源，他现在正读高中，我们在生活中是无话不谈的朋友。为了让本书如期面世，我占用了许多陪伴他的时间，令我欣慰的是，儿子一直鼓励我，也正是在他的督促下让我完成了本书的创作。

最后，作为深圳改革开放的见证者、亲历者和受益者，我感恩于这个风雷激荡的大时代。在祖国繁荣强盛的大时代背景下，我们得以有施展拳脚的机会。

今年迎来我人生中的第四个本命年。正所谓“年光似鸟翩翩过，世事如棋局局新”，回首望去，半生倏忽而过，不由得悲欣交集。细想起来，自己的前半生攀登过高峰、跌落过低谷，虽有坎坷但却充实丰盈，无愧于自己、无愧于社会，如此甚好！

豆大帷

2019 年 4 月 26 日